SAMMLUNG TUSCULUM

GRIECHISCHE INSCHRIFTEN ALS ZEUGNISSE DER KULTURGESCHICHTE

Griechisch-deutsch

Herausgegeben von Matthias Steinhart

DE GRUYTER

ISBN 978-3-11-055324-6
e-ISBN (PDF) 978-3-11-055575-2

Library of Congress Cataloging-in-Publication Data
A CIP catalog record for this book has been applied for
at the Library of Congress.

Bibliografische Information der Deutschen Nationalbibliothek
Die Deutsche Nationalbibliothek verzeichnet diese Publikation in der
Deutschen Nationalbibliografie; detaillierte bibliografische Daten sind
im Internet über http://dnb.dnb.de abrufbar.

Für Einbandgestaltung verwendete Abbildungen:
Cologny (Genève), Fondation Martin Bodmer, Cod. Bodmer 5: 3v/4r
(www.e-codices.unifr.ch)

Satz im Verlag
Druck und Bindung: Hubert & Co. GmbH & Co. KG, Göttingen

♾ Gedruckt auf säurefreiem Papier
Printed in Germany

MIX
Papier aus verantwortungsvollen Quellen
FSC® C016439

www.degruyter.com

VORWORT

In der griechischen Antike wurde ebenso dazu ermuntert Inschriften zu lesen und als Quelle zu nutzen wie man davor warnte, mit derart unnützen Informationen seine Zeit zu vergeuden. Tatsächlich können Inschriften beides bieten, vor allem jedoch vielerlei Inhalte, die mit ihren vielfältigen kulturhistorischen Aspekten zu den interessantesten Zeugnissen der Antike gehören. Wie sich einzelne Menschen vom 8. Jahrhundert v. Chr. bis in die Renaissance der griechischen Schrift bedienten, um individuellen Anliegen Ausdruck zu verleihen und Bilder zu gestalten, wird in diesem Band anhand von 65 Inschriften dargestellt, die mit den Umzeichnungen auch eine Vorstellung von den Möglichkeiten und der Entwicklung der griechischen Schrift geben. Bei der Auswahl wurde darauf geachtet, dass die inhaltliche Vielfalt der Inschriften, aber auch ihre geographische Verbreitung angemessen berücksichtigt wird.

Die Lesungen der Inschriften wurden anhand von Photographien bzw. Zeichnungen in Publikationen vorgenommen; die neu angefertigten Zeichnungen beruhen ebenfalls auf Publikationen und sollen nur dazu dienen, Buchstabenform und Schriftgestaltung deutlich werden zu lassen. Soweit nicht anders angegeben, stammen alle Übersetzungen vom Herausgeber; dabei wurden mitunter im Deutschen eher ungewöhnliche Wortstellungen beibehalten, um das griechische Original besser nachvollziehbar werden zu lassen.

Die Idee zu dem vorliegenden Band wurde von Prof. Dr. Bernhard Zimmermann, Dr. Serena Pirrotta und Katharina Legutke mit großem Entgegenkommen aufgegriffen und mit hilfreichem Engagement verfolgt; für die angenehme Zusammenarbeit während der Drucklegung und die Gestaltung des Bandes danke ich zudem Florian Ruppenstein. Thorsten Linsner, Würzburg erstellte zahlreiche hervorragende Abbildungsvorlagen als Zeichnungen;

zudem gilt mein großer Dank für das Anfertigen von Abbildungen Kurt Bayer, Würzburg; für Vorlagen und Publikationserlaubnis Dr. Carol R. Hershensson, University of Cincinnati; Dr. Martin Kovács, Freiburg; Dr. Eva Lange, Würzburg; Dr. Maria Osmers, Würzburg; Arne Reinhart, M. A., Heidelberg; und für Hinweise zum Verbleib der Gemme Nr. 7 Dr. Magdalena Palica, Breslau, zu Nr. 25 Dr. Marianne Bergeron, Oxford.

M. St. Würzburg, im Januar 2017

INHALT

KAISERZEIT UND SPÄTANTIKE

EINLEITUNG

Das »griechische Wunder« ...,
das ist der Triumph des Vokals.
Roland Barthes

Schreiben und Lesen stellen ohne Zweifel eine der entscheidenden Kulturtechniken des Menschen dar: Bietet doch erst die Beherrschung eines Zeichensystems zur Darstellung von Sprache nicht nur die Möglichkeit des Festhaltens und Austauschens von Informationen, sondern darüber hinaus und vor allem eine Fülle an unterschiedlichen Ausdrucksformen für Gefühle, Absichten oder Wünsche. Aus der griechischen Antike ist eine Vielzahl von Inschriften erhalten, die nicht von Herrschern, Städten oder offiziellen Amtspersonen veranlasst wurden, sondern die Einblick in das private Leben und die ebenso positiven wie negativen Seiten des alltäglichen Lebens bieten; sie sind sorgfältig gestaltet oder auch nur schnell hingeworfen, in Metall graviert wie auf Tonscherben eingeritzt. Doch in jedem Fall ergeben die im Folgenden zusammengestellten griechischen Inschriften vom 8. Jahrhundert v. Chr. bis in das 6. Jahrhundert n. Chr. ein Kaleidoskop des antiken Lebens. Bei den mykenischen Schriftzeugnissen im Griechenland des 2. Jahrtausends v. Chr. hätte das noch ganz anders ausgesehen.

Das mykenische Griechisch

Bereits im 3. Jahrtausend v. Chr. sind im Gebiet des heutigen Griechenlands Zeichen und Zeichenkombinationen bekannt, die als Schrift aufgefasst werden können, jedoch ebenso wenig entziffert sind wie die Sprache und die Schriftsysteme der minoischen Kultur, die im späten 3. und der ersten Hälfte des 2. Jahrtausends v. Chr. Kreta und weite Teile der Ägäis dominierte. Mit dem Aufstieg der nach dem ersten Hauptfundort von Grabanlagen und Kunstwerken benannten mykenischen Kultur, die in der zweiten Hälfte des 2. Jahrtausends v. Chr. zur bestimmenden Macht wird, wird dann aber eine frühe Form der griechischen Sprache verwendet.

Die Textzeugnisse des Mykenischen finden sich auf meist annähernd rechteckig-ovalen Tontäfelchen (vgl. Abb. 1), die bei der Zerstörung und Brandschatzung mykenischer Herrschersitze um 1200 v. Chr. gebrannt wurden und so erhalten blieben; die Hauptfundorte dieser Täfelchen sind die Paläste von Knossos auf Kreta und Pylos in der westlichen Peloponnes, doch fand man sie etwa auch in Böotien nördlich von Attika. Das Mykenische wurde in einer Verbindung von Silbenzeichen (Syllabogramm), Bildzeichen (Ideogramm) und Zahlzeichen geschrieben, dem sogenannten Linear B. Die grundlegende Erkenntnis, dass es sich dabei um Griechisch handelt, sowie die Entzifferung zahlreicher Schriftzeichen gelang seit den 50er Jahren des 20. Jahrhunderts dem Architekten Michael Ventris (1922–1956) und dem Klassischen Philologen John Chadwick (1920–1998). Zwar wurde die Entzifferung des Mykenischen zunächst angezweifelt, doch dann nicht zuletzt durch spätere Neufunde eindeutig bestätigt, bei denen Kombinationen von Wörtern und Bildzeichen vorliegen; diese belegen zudem die Übereinstimmungen mit dem späteren Griechischen. So ist auf einem Tontäfelchen aus Pylos das Wort *ti-ri-po* erhalten, also die Entsprechung zu τρίπους (*tripous*), und daneben ein Dreifuß wiedergegeben (Abb. 1, oberste Zeile):

Abb. 1

Die Texte der Tontäfelchen sind thematisch allerdings sehr eingeschränkt und geben mit Inventaren von Gerätschaften oder der Auflistung von Viehbeständen vor allem Einblick in die Verwaltung und das Wirtschaftsleben der mykenischen Zeit. Immerhin begegnen aber auch Entsprechungen zu späteren Götternamen wie Athena, Dionysos, Poseidon und Zeus, die auf Traditionsbildungen in das 1. Jahrtausend v. Chr. weisen; in verwandter Weise beschreibt ja auch das Epos des späten 8. Jahrhunderts v. Chr. Realien der mykenischen Welt wie etwa den aus Eberzähnen gefertigten Helm (*Ilias* 10. Gesang, Vers 260 ff.). Literarische Zeugnisse oder auch nur individuelle Äußerungen wird man im Mykenischen freilich vergebens suchen. Das mykenische Griechisch wurde mit dem Ende der Herrschaftssitze weitgehend aufgegeben, doch wurde eine verwandte Schrift auf Zypern noch in der griechischen Klassik verwendet.

Das griechische Alphabet und die Inschriften

Von Aleph zu Alpha

Im früheren 8. Jahrhundert v. Chr. sind von den Griechen 22 Buchstaben aus dem phönizischen Raum übernommen worden, wie sich an den Formen der Buchstaben und deren übereinstimmender Abfolge ersehen lässt: Aus Aleph, Bet, Gimmel wurde damit Alpha, Beta, Gamma; das Koppa (Ϙ) wird zunächst noch in manchen Regionen als K-Laut verwendet, verschwindet dann aber. Die Schriftzeichen wurden jedoch nicht nur einfach übernommen, sondern auch den Bedürfnissen der griechischen Sprache angepasst. Zum einen wurden nun fünf phönizische Schriftzeichen für die Vokale der griechischen Sprache verwendet: Aleph für A(lpha), He für (E)psilon, Yod für I(ota), Ayin für O(mikron) und Waw für Y(psilon); dabei wurde zwischen langen und kurzen Vokalen nicht immer unterschieden, so dass z. B. ein O einen langen wie auch einen kurzen O-Laut meinen kann. Und zum anderen wurden drei neue Buchstaben eingeführt, mit denen die griechischen Diphthonge (Doppellaute) ausgedrückt werden können: Phi (Φ), Chi (X) und Psi (Ψ).

Die Schrift war in dieser Zeit nicht die einzige Beeinflussung der Griechen durch den Orient: Dass sich die Griechen dieses Phänomens sehr wohl bewusst waren, belegt die im frühen 5. Jahrhundert v. Chr. in einer Inschrift von Teos (nahe Smyrna) bezeugte Bezeichnung des griechischen Textes als phönizisch (φοινικήια). In dieselbe Richtung weisen die »phönizischen Buchstaben« (φοινικίοις γράμμασι), die der Lexikograph Hesych (5./6. Jahrhundert n. Chr.) mit Hinweis auf eine Tragödie des Sophokles (497/6–406 v. Chr.) nennt. Die Einführung der Schrift wird dabei mit der Suche des Kadmos nach seiner von Zeus aus Phönizien entführten Schwester Europa verbunden, der nach Böotien gelangt und dort Theben gründet; die Schrift ist sein kulturelles Erbe. Die ausführlichste Version dieser Geschichte überliefert der Historiker Herodot (um 480–430 v. Chr.), der nach eigener Aussage entsprechende Inschriften in Theben gesehen hat (vgl. u.). Doch konnte sich auch ein Sophist des 2. Jahrhunderts n. Chr. wie der aus Tyros in Phönizien stammende Hadrian auf die Überlieferung beziehen, wenn er seine Lehrtätigkeit in Athen mit den Worten »Wieder aus Phönizien die Buchstaben« (Πάλιν ἐκ φοινίκης γράμματα) einleitete. Gemeint ist dabei mit »Buchstaben« natürlich das Wissen des Vortragenden. Allerdings wurden in anderen Texten auch Hermes, Prometheus oder mit Palamedes einer der Helden vor Troja als Erfinder der Schrift genannt. Auch für die Einführung neuer Buchstaben wusste man in der Antike Namen zu nennen, insbesondere den Dichter Simonides von Keos (wohl 556–467 v. Chr.), einen Zeitgenossen und bedeutenden Konkurrenten Pindars: Außer der Entwicklung einer Mnemotechnik und der siebensaitigen Leier wurden ihm auch die langen Vokale Eta (H) und Omega (Ω) sowie die Buchstaben Xi (Ξ) und Psi (Ψ) zugeschrieben.

Jeder Stadt ihr Alphabet

Noch erstaunlicher als die Umwidmung von Buchstaben für die Nutzung als Vokale sowie die Neueinführung von Buchstaben dürfte wohl sein, dass sich die Griechen nicht mit einem Buchstabensystem begnügten, sondern für Regionen und Städte Varianten des Alphabets entwickelten. Da diese mit ihren zum Teil unterschiedlichen Buchstabenformen nicht nur verschiedenen Dialekten Rechnung tragen, scheinen sich die griechischen Stadtstaaten durch Buchstabenformen ähnlich voneinander abzuheben wie etwa mit der Gestaltung von Architektur und Skulptur, der bemalten Keramik, von Ornamentsystemen oder der Münzbilder; selbst in einem Bereich wie der Konstruktion von Dächern werden im Grunde technisch bedeutungslose und kaum wahrnehmbare Lokalvarianten entwickelt. Die Unterschiedlichkeit der Buchstabenformen mag mit der Inschrift auf einer um 700 v. Chr. in Korinth gefertigten und in Kyme (Unteritalien) gefundenen Kanne veranschaulicht werden (Abb. 2), auf der Buchstaben der Anfänge zweier Lokalalphabete eingeritzt wurden:

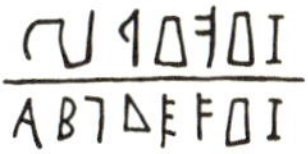

Abb. 2

→ B Γ Δ F [H?] Z (Korinth. Buchstaben nach links ausgerichtet)
→ A B Γ Δ E F [H?] Z (Euböa. Buchstaben nach links und rechts ausgerichtet)

Die Lokalalphabete wurden hauptsächlich vom 8. Jahrhundert v. Chr. bis in die griechische Klassik verwendet und lassen sich nach übereinstimmenden Merkmalen zusammenfassen, bei denen ein Hauptunterschied in der Wiedergabe der Ch- und X-Laute liegt. Seit den grundlegenden Untersuchungen von Adolf Kirchhoff (1826–1908) werden drei Hauptgruppen unterschieden, die nach den Farben einer Übersichtskarte als blaue, rote und grüne Alphabete bezeichnet werden: Als Hauptunterschied sei genannt, dass in den blauen Alphabeten das Xi für einen X-Laut steht, in den roten für einen Ch-Laut.

Alphabet	**Verbreitung**	**Zeichen Xi**	**Zeichen Chi**	**Zeichen Psi**
Blau				
Dunkelblau	Ionische Inseln, Argolis, Nordgriechenland, Ägäis, Ionien	X-Laut	Ch-Laut	Ps-Laut
Hellblau	Attika, Ägäis	– (ΧΣ)	Ch-Laut	– (ΦΣ)
Rot	Peloponnes, Mittelgriechenland, Euböa, Thessalien, Unteritalien, Sizilien	–	X-Laut	Ch-Laut
Grün	Kreta, Südägäis	–	–	–

Hierin liegt es auch begründet, dass man sich noch heutzutage kein X für ein U vormachen lässt: Das lateinische X wurde aus einem roten Alphabet übernommen, wie es unter anderem auf der Insel Euböa und in den von dort aus gegründeten Städten in Italien Verwendung fand (vgl. Nr. 2).

Das Alphabet Milets als Universalsystem

Nachdem Athen im Jahr 403/2 v. Chr. das Alphabet der altehrwürdigen Stadt Milet in Kleinasien übernommen hat, entwickelt sich dieses Schriftsystem zu dem heute bekannten altgriechischen Alphabet. In Athen werden von dieser Zeit an z. B. das Gamma als Γ (zuvor Λ) oder das Omega als Ω (zuvor O) geschrieben. Dieses Alphabet wird später in der gesamten griechischsprachigen Welt üblich werden. Allerdings zeigen sich auch dann noch Veränderungen der Buchstaben, die jedoch weniger deren grundsätzliche Form, sondern ihre Ausgestaltung betreffen.

Großbuchstaben und Lauftext

Bei all diesen unterschiedlichen Varianten und Entwicklungen stimmen griechische Inschriften von archaischer Zeit bis in die Spätantike darin überein, dass ausschließlich Großbuchstaben verwendet werden und dass Worttrennungen zwar möglich, aber nicht generell üblich sind; als Worttrenner werden ein, zwei (:) oder mehr Punkte verwendet; eine Satztrennung ist nicht bekannt. Und auch die Akzente (Akut [´], Gravis [`], Circumflex [˜]) oder Hauchzeichen (Spiritus asper [ʽ] als Angabe eines H-Lautes vor Vokal, Spiritus lenis [ʼ] als Angabe für Vokal ohne H-Laut) werden erst in byzantinischer Zeit systematisiert.

In archaischer Zeit ist zudem die Anordnung und Proportion der Buchstaben wie die Ausrichtung von Wörtern beliebig gestaltbar: So können Inschriften von links nach rechts und von oben nach unten wie auch genau umgekehrt oder in verschiedensten Richtungskombinationen geschrieben werden; dabei wird eine generelle Anordnung auch immer wieder durchbrochen, so wenn einzelne Buchstaben oder Wörter auf dem Kopf stehen. Zu den bekanntesten Eigenheiten vor allem archaischer Inschriften gehört das »Boustrophedon«, also wie man beim Pflügen mit den Rindern wendet: Die Buchstaben einer Zeile verlaufen dabei in die eine Richtung, in der nächsten dann in die entgegengesetzte (vgl. Nr. 16). Bereits im mittleren 6. Jahrhundert v. Chr. kommt allerdings eine Anordnung von Buchstaben auf, die diese in ein System einpasst und so gestaltet, dass sich die Erstreckung einer Inschrift genau planen lässt (»Stoichedon«; vgl. Nr. 14). Diese Tendenz zur Normierung wird in der Klassik immer deutlicher, wobei sich etwa bei den staatlichen Inschriften Athens aber immer noch einzelne Schreiberhände unterscheiden lassen.

Die moderne Gestaltung der Texte

Da Inschriften insbesondere vor dem 5. Jahrhundert v. Chr. eine Fülle von Eigenheiten aufweisen, ist die Umschrift in das gewohnte Griechisch nicht immer ganz einfach, wenn der Charakter des Originaltextes nicht verfälscht werden soll. Gleichwohl werden auch hier stillschweigend Satzzeichen zur Gliederung des griechischen Textes verwendet und kurze bzw. lange Vokale angegeben, auch wenn sie im griechischen Text nicht geschieden sind; im Dativ wird hier das Iota in der Zeile geschrieben (z. B. ηι), wenn es angegeben ist, ansonsten beigeschrieben (z. B. ῃ). Die Worttrennung der Inschriften ist immer wieder recht beliebig, hier wird in der Übersetzung stets das ganze Wort in der ersten Zeile des Vorkommens vollständig geschrieben. Aufgrund der häufig unvollständigen Erhaltung von Inschriften müssen zudem Lücken und Ergänzungen angegeben werden. Für die Gestaltung solcher Angaben folgt man seit 1921 dem auf einem Kongreß in der niederländischen Stadt festgelegten »Leidener Klammersystem«, das eine eindeutige Wiedergabe des Erhaltungszustands einer Inschrift erlaubt.

[] : Ergänzung von Lücken im antiken Text
⟨⟩ : Zusatz oder Berichtigung im antiken Text
{} : Buchstabe in der Inschrift überflüssig
– : Fehlende Buchstaben (ohne Zahlenangabe)
/ : Angabe des Versendes
† : Text nicht sinnvoll zu rekonstruieren
() : Ergänzungen von Wörtern in der Übersetzung

← : Inschrift von rechts nach links
→ : Inschrift von links nach rechts
↑ : Inschrift aufwärts gerichtet
↓ : Inschrift abwärts gerichtet

Der für unvollständig erhaltene Buchstaben verwendete Punkt unter diesen wurde hier nicht angegeben, da für die in Frage kommenden wenigen Inschriften keine Autopsie vorliegt und die jeweilige Lesung der Buchstaben stets gesichert ist.

Inschriften und Gedichte

Seit ihren Anfängen sind zahlreiche griechische Inschriften in Versen abgefasst worden. Im Unterschied etwa zur Verslehre der deutschen Klassik mit der Abfolge betonter und nicht betonter Silben ist das griechische Verssystem an den Längen (–) und Kürzen (◡) von Silben orientiert; dabei sind in einem Vers an bestimmten Stellen immer wieder eine Länge oder eine beziehungsweise zwei Kürzen möglich (x). Im Folgenden begegnet am häufigsten das Distichon, die Kombination von Hexameter (Sechs Daktylen: – ◡ ◡, statt ◡ ◡ zum Teil auch –) und Pentameter (– ◡ ◡ [oder –] – ◡ ◡ [oder –] – – ◡ ◡ – ◡ ◡ –), ferner mehrfach Hexameter sowie Iambus (x – ◡ –) und Trochäus (– ◡ – x).

Besonders bemerkenswert ist dabei, dass Versinschriften vor allem mit den Werken des in der Bibliothek von Alexandria tätigen Dichters Kallimachos (um 320–240 v. Chr.) zu einem eigenen literarischen Genre werden; dabei können etwa Inschriften auf Weihgeschenken oder Grabepigramme erdacht werden. Die Tradition führt dazu, dass in einer ältere Zusammenstellungen einbeziehenden byzantinischen Gedichtsammlung (»*Anthologia Graeca*«) ganze Bücher angeblichen oder tatsächlichen Inschriften auf Reliefs (Buch 3 mit 19 Gedichten), Weihgeschenken (Buch 6 mit 358 Gedichten) oder Grabmälern (Buch 7 mit 748 Gedichten) gelten; in manchen Fällen sind reale Gedichte sowohl auf erhaltenen Monumenten als auch in der *Anthologia Graeca* überliefert (vgl. hier Nr. 34).

Von »verderblichen Zeichen« bis zum Witz: Inschriften in der griechischen Literatur

Vor allem seit dem 5. Jahrhundert v. Chr. werden Inschriften in der griechischen Literatur häufig erwähnt. Besonderes Interesse haben allerdings einige ältere Texte gefunden, die die frühesten Zeugnisse für Schrift darstellen könnten, jedoch nicht unumstritten sind. Hier sei insbesondere auf eine Textpassage der *Ilias* Homers (spätes 8. Jahrhundert v. Chr.) verwiesen, in deren 6. Gesang (Vers 168 ff.) beschrieben wird, wie dem Helden Bellerophon am Hofe des Königs Proitos in Tiryns von dessen Gattin in erotischer Absicht nachgestellt wird. Der standhaft bleibende Held wird beim Ehemann fälschlich bezichtigt, worauf Proitos ihn zu seinem Schwiegervater Iobates nach Lykien schickt, wo Bellerophon in verschiedenen Kämpfen umkommen soll; diese Absicht wird Iobates von Proitos mit σήματα λυγρὰ mitgeteilt (Vers 168 f. Übersetzung W. Schadewaldt):

> *Doch schickte er ihn nach Lykien und gab ihm verderbliche Zeichen,*
> *In eine zusammengelegte Tafel geritzt, todbringende, viele.*

Nun könnte σήματα auch einfach »Bildzeichen« oder »Symbol« bedeuten, doch ist schwer vorstellbar, wie Proitos seine Absicht mit einem Bildzeichen zum Ausdruck hätte bringen können, es sei denn, der entsprechende Code wäre zuvor festgelegt worden. Damit wird es sich bei diesem Brief tatsächlich um die früheste Bezeugung von Schrift in der europäischen Kultur handeln.

Mit der Einführung der Schrift ist dann auch ein bedeutendes Zeugnis bei dem Historiker Herodot (um 480–430 v. Chr.) verbunden, der in seinen *Historien* Kadmos und die Phönizier als Urheber des griechischen Alphabets (s. o.) nennt und hervorhebt, dass er in Theben »kadmeische Buchstaben« gesehen habe (5, 59. Übersetzung J. Feix):

> *Solche Buchstaben aus der Zeit des Kadmos habe ich im Tempel des Apollon Ismenios im boiotischen Theben selbst gesehen; sie sind in drei Dreifüßen eingeritzt und größtenteils der ionischen Schrift gleich. Einer von diesen Dreifüßen trägt die Aufschrift:*
>
> *»Nach dem Teleboersieg hat Amphitryon hier mich gestiftet.«*
>
> *Das dürfte an Alter etwa zur Zeit des Laios, des Sohnes des Labdakos, des Enkels des Polydoros und Urenkels des Kadmos, gewesen sein. Auf dem zweiten Dreifuß steht in Hexametern folgender Spruch:*
>
> *»Faustkämpfer Skaios hat mich geweiht dem Treffer Apollon,*
> *Nach seinem Siege dir mit dem prächtigen Kunstwerke dankend.«*
>
> *Skaios dürfte ein Sohn des Hippokoon gewesen sein, wenn er wirklich der Stifter war und nicht ein Namensvetter des Hippokoonsohnes, an Alter aus der Zeit des Oidipous, des Sohnes des Laios. Auch der dritte Dreifuß zeigt eine Inschrift in Hexametern:*
>
> *»König Laodamas weihte den Dreifuß dem Treffer Apollon,*
> *Als Alleinherrscher dir mit dem prächtigen Kunstwerke dankend.«*

Unabhängig von der Einordnung der Dreifüße ist hier eindrucksvoll bezeugt, wie bereits im 5. Jahrhundert v. Chr. unterschiedliche Schriftformen wahrgenommen und rezipiert wurden; mit den Dreifüßen als Weihgeschenken für militärische und sportliche Siege wird zudem ein sehr typisches Gefäß für die Anbringung von Inschriften genannt (vgl. hier Nr. 35. 51), die Herodot zudem einer ausführlichen Analyse hinsichtlich der möglichen Auftraggeber unterzieht. Herodot führt aber auch zeitgenössische Inschriften an: So etwa die Aufforderung des Themistokles an die Ionier, bei der Seeschlacht von Artemision 480 v. Chr. mit den Griechen gegen das Heer des Xerxes zu kämpfen, die der griechische Feldherr an Trinkwasserquellen in Stein meißeln ließ (8, 22, 1–3).

Bei Thukydides (um 460–400 v. Chr.) findet sich ein frühes Beispiel für den Umgang mit epigraphischen Befunden. Der Historiker zitiert in seiner *Geschichte des Peloponnesischen Krieges* die Inschrift einer Altarweihung des Peisistratos, des Enkels des gleichnamigen Tyrannen, der zwischen 522/1 oder 512/1 einen teilweise erhaltenen Altar geweiht hat (6, 54, 6 f. Übersetzung G. P. Landmann):

> *(Peisistratos) ist der, der … den Zwölfgötteraltar am Markt baute und den des Apollon beim Pythion (Beiname des Apollon, danach Heiligtum südlich der Akropolis, M. St.). Bei dem am Markt verschwand die Inschrift später in einem Anbau, mit dem das Volk von Athen ihn verlängerte, aber im Pythion ist sie in verwaschener Schrift noch vorhanden und lautet …*

Thukydides gibt dann den Text des als Distichon gestalteten Epigramms, mit dem die Reste der Inschrift oberhalb eines Eierstabs auf den erhaltenen Teilen des Altars ergänzt werden können (Abb. 3):

Abb. 3

> μνεμα τόδε hες ἀρχες Πεισίστ[ρατος Ηιππίο h]υιὸς / θεκεν Ἀπόλλονος Πυθ[ί]ο ἐν τεμένει.
>
> *Als Erinnerungsmal dieses an die Amtszeit. Peisistratos, des Hippias Sohn, / hat (es) errichtet in des Apollon Pythios Heiligtum.*

Interessanterweise weist Thukydides auf den schlechten Erhaltungszustand der Buchstaben hin, der in seinem inhaltlichen Zusammenhang ja eigentlich keine Rolle spielt – damit gibt der Historiker ein frühes Beispiel für die Zustandsbeschreibung einer Inschrift.

Seit dem späten 5. Jahrhundert v. Chr. finden Inschriften in reichem Maße bei Historikern, Philosophen oder Rednern Beachtung, was allerdings zumeist nur indirekt überliefert ist: So hat der berühmte Sophist und Rhetoriker Hippias von Elis (späteres 5. Jh. v. Chr./4. Jh. v. Chr.) inschriftlich festgehaltene Listen der Sieger in Olympia zusammengestellt, der Gelehrte Philochoros (um 340–270 v. Chr.) erarbeitete eine Sammlung von Inschriften in Attika, bei denen es sich um öffentliche Urkunden und Verträge gehandelt haben dürfte. Doch auch für die Zusammenstellung der Verfassungen von Städten Griechenlands unter der Federführung des Aristoteles (384–322 v. Chr.) wie bei politischen Ansprachen und Gerichtsreden werden Inschriften – etwa mit Vertrags- oder Gesetzestexten – herangezogen, was wie bei einer Rede des Demosthenes (384–322 v. Chr.) mitunter sogar in wörtlicher Übereinstimmung nachzuweisen ist. Der Historiker Theopomp von Chios (geb. 388/7 v. Chr.) nutzte Inschriften für Datierungsfragen. Und auch der Historiker Polybios (um 200–120 v. Chr.) wird darauf verweisen, dass Jahreschroniken als Wandinschriften öffentlich zugänglich waren (5, 33, 5. Übersetzung H. Drexler):

> *Aber einige Autoren, die nicht einmal so viel erwähnt haben, wie die kalenderartigen amtlichen Chroniken in ihrer einfachen Weise auf Wänden verzeichnen, behaupten trotzdem, ihr Werk umfasse alle Ereignisse in Griechenland und bei den Barbaren.*

Eine große Bedeutung gewinnen Inschriften auch in kulturhistorischen Schriften und topographischen Beschreibungen Griechenlands, wie sie vermehrt seit dem 4. Jahrhundert v. Chr. und im Hellenismus entstehen. Von besonderer Bedeutung war hier der um 200 v. Chr. tätige Polemon von Troja, der Schriften über griechische Landschaften oder über Weihgeschenke auf der Akropolis von Athen verfasst hat: Welche Bedeutung Inschriften bei ihm hatten, zeigt sein Spitzname *Stelokopas* (»Stelenklauber«). Während diese

Texte aber weitgehend verloren sind, blieb die ähnlich angelegte *Beschreibung Griechenlands* des Pausanias (2. Jahrhundert n. Chr.) erhalten, in der eine Fülle von Inschriften angeführt und zum Teil auch ausgewertet werden. Pausanias bezieht sowohl die monumentalen Inschriften auf Statuenbasen und Weihgeschenken als auch im Format kleine Inschriften wie die Namensbeischriften auf der im frühen 6. Jahrhundert v. Chr. entstandenen »Kypseloslade« mit ihren vielfigurigen Szenen ein, die kaum größer als wenige Zentimeter gewesen sein können (5, 17, 5–10); dabei erwähnt er auch die Schriftgestaltung im Boustrophedon (5, 17, 6; vgl. Nr. 16):

> *Von den Figuren auf der Larnax (= Kästchen) gibt es bei den meisten Inschriften, geschrieben in altertümlichen Buchstaben. Und von diesen gibt es zwar solche, die gerade verlaufen, andere Buchstaben aber in der Anordnung, die die Griechen Boustrophedon nennen. Das aber ist solcherart: Von der Grenze der Zeile wendet sich die zweite der Zeilen wie beim Diaulos-Laufwettbewerb.*

Bemerkenswert ist hier bereits, dass Pausanias die Buchstaben als »altertümlich« einordnet, es also eine allgemeine Vorstellung von Schriftentwicklung gab. Die Erläuterung der sich wendenden Buchstaben ist insofern etwas kurios, als Pausanias nicht etwa die Benennung des »Boustrophedon« erläutert, sondern mit dem Laufwettbewerb des Diaulos über 200 Stadien einen weiteren Vergleich einführt; beim Diaulos rannten die Teilnehmer die Hälfte der Strecke in eine Richtung und liefen dann zurück.

Auch Plutarch (um 45–120 n. Chr.), Priester in Delphi, Philosoph, Essayist und Verfasser berühmter Biographien, verweist in seinen historischen, philosophischen, kultur- und religionsgeschichtlichen Texten neben archäologischen Zeugnissen oder der Münzprägung auf Inschriften. So nennt er etwa als Beleg für die Veröffentlichung von staatlichen Texten Inschriften mit den Gesetzen des Solon (um 640–560 v. Chr. *Leben des Solon* 25. Übersetzung K. Ziegler), deren Reste er selbst gesehen hat:

> *Allen Gesetzen gab er (Solon, M. St.) Rechtskraft für hundert Jahre, und sie wurden auf hölzerne Tafeln geschrieben …, von denen geringe Überbleibsel noch in meiner Zeit im Prytaneion (Öffentliches Amtsgebäude, M. St.) aufbewahrt wurden. Man nannte sie, wie Aristoteles sagt, Kyrben.*

Philosophischen Wert erhalten bei Plutarch die Inschriften im Apollonheiligtum von Delphi, die berühmte Weisheitslehren festhalten (*Über das E in Delphi, Moralia* 385 d 5 ff.):

> *Schau aber auf diese Inschriften* (προγράμματα)*, das »Erkenne Dich selbst« und das »Nichts im Übermaß«, wieviele Untersuchungen bei den Philosophen haben sie angeregt und welche Fülle an Worten ist von jeder wie aus einem Samenkorn entstanden.*

Die entsprechende Abhandlung Plutarchs gilt mit dem E am Apollontempel von Delphi einer anderen Inschrift, jedoch blieb auch ihm die Einordnung und Deutung des E – Buchstabe, Zahlzeichen oder gar Abkürzung? – unklar. Schließlich findet sich bei Plutarch auch noch eine ganz andere Sicht auf Inschriften: Ähnlich wie für Platon die Schrift im philosophischen Kontext sehr kritisch gesehen wird und nicht zur Mitteilung zentraler Wahrheiten dienen kann, warnt Plutarch davor, sich durch das Lesen der allgegenwärtigen Grab- oder Wandinschriften vom Wesentlichen ablenken zu lassen (*Über Neugierde* [περὶ πολυπραγμοσύνης] 11):

> *Was ist daran schwierig, an den Straßen die Inschriften an Grabanlagen nicht zu lesen oder was mühselig daran, an den Wegen die Buchstaben an den Mauern mit dem Blick nur zu streifen, wenn wir davon ausgehen, dass damit weder Nützliches noch Erfreuliches geschrieben wurde: Sondern »In Erinnerung sei« dem So-und-So der So-und-so, »mit gutem Wunsch« und jener ist »der Freunde bester«, und so vieles voller Geschwätz dieser Art? Nun mag es zwar nicht schädlich scheinen dies zu lesen, es schadet aber doch durch das unbewusste Erwecken des Interesses an etwas, das einen nichts angeht.*

Kulturgeschichtlich aufschlußreiche Inschriften ganz anderer Art werden in dem mehrbändigen Werk *Das Gelehrtenmahl* (*Deipnosophistae*) des im 2./3. Jahrhundert n. Chr. in Alexandria schreibenden Athenaios überliefert, in dem unterschiedlichste Sachverhalte des Symposions von passenden Gedichten bis zu Speisen und Getränken im gelehrten Gespräch behandelt werden: Und so findet sich hier auch eine ausführliche Abhandlung über Inschriften auf Gefäßen.

Auch die Nennung von sicher imaginären Inschriften kann für die reale Schriftverwendung aufschlussreich sein, da sie deren Regeln und Gewohnheiten folgen wird. Ein berühmtes Beispiel bietet der Dichter Aischylos (525/4–456/5 v. Chr.): In seiner 468 v. Chr. aufgeführten Tragödie *Sieben gegen Theben* lässt der Dichter einen Boten die Schildzeichen der gegen die Stadt anstürmenden Helden beschreiben, die mit Polyneikes gegen dessen Bruder Eteokles ziehen, den Herrscher über Theben nach ihrem Vater Ödipus. Dabei weist der Schild des Kapaneus eine Kombination von Bild und Texterläuterung auf (Vers 433 ff. Übersetzung O. Werner):

Sein Schild zeigt eines nackten Feuerträgers Bild.
Es flammt die Fackel, die er in den Händen schwingt.
Und goldne Lettern künden: »Ich zünd an die Stadt!«

Dass der Feuerträger hier spricht, erinnert vor allem an zahlreiche Vasenbilder mit entsprechenden Inschriften. Ein noch symbolhafteres Schildzeichen führt dann Polyneikes (Vers 644 ff. Übersetzung O. Werner):

Es ist ein goldgetriebner Mann in Waffenschmuck.
Den führt ein Weib, die leitet höchst besonnen ihn.
Gerechtigkeit nennt sie sich, so die Inschrift:
»Heimführen wird ich diesen Mann, die Vaterstadt
Wird ihm zuteil und Rückkehr in sein Vaterhaus.«

Neben dem ausführlichen Motto ist hier auch eine Namensbeischrift beschrieben, wie sie etwa in der Vasenmalerei gut bezeugt sind.

Bei einem anderen Tragödiendichter, Achaios von Eretria (um 480 – Ende 5. Jh. v. Chr.), wird in einem Satyrspiel – der dramatischen Gattung, die nach drei Tragödien eines Dichters aufgeführt wurde und in der Satyrn in ungewohnte mythische und menschliche Situationen geraten – eine Inschrift buchstabiert; das nur in Fragmenten erhaltene Satyrspiel *Omphale* behandelte den Frondienst des Herakles bei der Königin von Lydien:

Der Skyphos des Gottes, mich ruft er schon lange
Den Buchstaben zeigend: Delta, Iota und als drittes
O, Ny, das Ypsilon gibt's auch, und damit's an nichts fehlt
Von der anderen Seite das San und das O sich melden.

Mit ΔΙΟΝΥΣΟ ergibt sich der Name des Gottes im Genitiv (Διονύσου); dabei wird für den S-Laut das *San* (M) verwendet, das O für die Abfolge Omikron/Ypsilon (OY). Die Inschrift mit dem Namen des Weingottes auf einem Trinkbecher steht zugleich für dessen Inhalt, mit dem der trinklustige Begleiter des Dionysos gelockt wird; vergleichbare Inschriften von Götternamen im Genitiv auf Gefäßen werden üblicherweise eher für Weihungen verwendet.

Und damit bleibt noch eine Textgattung als Zeugnis für Inschriften zu nennen – der antike Witz:

Ein Handelsmann aus Sidon (Phönizien, heute Libanon, M. St.) wanderte zusammen mit einem anderen. Infolge eines körperlichen Bedürfnisses war er etwas zurückgeblieben und ließ auf sich warten. Sein Weggenosse ging weiter, schrieb aber auf einen Meilenstein: »Mach schnell, hol mich ein!«. Als er das las, schrieb er darunter: »Und du warte auf mich!«

Zur Erforschung der griechischen Inschriften in der Neuzeit

Griechische Inschriften waren auch in der Spätantike und durch das gesamte Mittelalter hindurch bekannt: So enthält etwa die Rombeschreibung des *Codex Einsiedlensis* aus dem 9./10. Jahrhundert n. Chr. griechische Inschriften. Doch gewann seit der Renaissance auch das Interesse an Inschriften eine neue Qualität (vgl. Nr. 65): Dies gilt für Inschriften auf beliebten Kunstgattungen wie Gemmen und Münzen, aber es entstehen bald auch umfassende Sammelwerke. Auch in dem legendären »Papiermuseum« des Cassiano dal Pozzo (1588–1657), im dem über 7000 Zeichnungen nach Antiken zusammengetragen wurden, finden sich zahlreiche Abbildungen von zum Teil heute verschollenen Inschriften, bei denen auch die Schriftgestaltung Beachtung fand; so zeigt etwa eine Weihinschrift an den Gott Sarapis – der unter anderem mit Zeus und Helios gleichgesetzt wurde – typische Buchstabenformen des 2. und 3. Jahrhunderts n. Chr.; zudem wird die lateinische Übersetzung angegeben (Abb. 4):

Abb. 4

Δίι Ἡλίῳ μεγάλῳ Σαράπιδι

Dem Zeus dem Helios dem großen, dem Sarapis

Schon im 15. Jahrhundert nutzen dann aber auch Reisende Fahrten nach Griechenland oder in den Orient, um antike Monumente und Inschriften kennenzulernen und zu dokumentieren. So beschrieb und zeichnete der von Venedig aus tätige Kaufmann Cyriacus von Ancona (1391 – um 1455) auf seinen Handelsfahrten in der Ägäis antike Bauwerke und Statuen, darunter zum erstenmal den Parthenon auf der Athener Akropolis; auch die Kenntnis zahlreicher zum Teil heute verlorener Inschriften wird ihm verdankt. Entsprechende Reisen werden später auch im Auftrag von gelehrten Vereinigungen wie der Society of Dilettanti unternommen, die den Künstler James Stuart (1713–1788) und den Architekten Nicholas Revett (1720–1804) nach Athen entsandte, um dort vor allem die antike Architektur zu dokumentieren, was aber auch Inschriften betrifft (vgl. Nr. 35). Mit der Inthronisierung des aus Bayern stammenden Königs Otto I. (1832) kommen schließlich neben Militärs und Verwaltungsbeamten auch immer mehr Archäologen ins Land, die wie Ludwig Ross (1806–1859) in seinen vierbändigen *Reisen auf den griechischen Inseln des Ägäischen Meeres* (1840–1852) archäologische und inschriftliche Zeugnisse der Antike erfassen. Die im 19. Jahrhundert einsetzende Gründung von internationalen Forschungsinstitutionen – so 1846 die École Française d'Athènes, 1871 das Deutsche Archäologische Institut Athen, 1881 die American School of Classical Studies at Athens und 1886 die British School at Athens – trägt dann ebenso zu Kenntnis und Neuentdeckung von griechischen Inschriften bei wie die im 19. Jahrhundert einsetzenden großen Grabungen in antiken Heiligtümern und Städten.

Im 19. Jahrhundert begann zudem wie für andere Bereiche der Altertumswissenschaft auch für die Inschriften die in großem Maßstab organisierte Arbeit an Sammelwerken wie dem von dem Philologen und Historiker August Boeckh (1785–1867) initiierten *Corpus Inscriptionum Graecarum* (ursprünglich auf vier Jahre angelegt, bearbeitet 1815 bis 1859) und den 1868 begonnenen und bis heute weitergeführten *Inscriptiones Graecae* zu den griechischen Inschriften verschiedener Regionen. Im 20. und 21. Jahrhundert wurden und werden zudem vermehrt Studien erarbeitet, die sich Inschriften einer Region oder in verschiedenen Kunstgattungen – etwa den Inschriften auf Keramik oder zu antiken Bauprojekten – widmen.

Die Bedeutung der griechischen Schrift

Allen diesen Untersuchungen ist gemein, dass sie sich mit den griechischen Inschriften den Anfängen der Schrift in Europa zuwenden, die für das Etruskische und Lateinische und damit Schriftlichkeit in Europa zur Grundlage geworden sind. In Griechenland waren Inschriften gerade in der Frühzeit vor allem ein Mittel der Kommunikation zwischen Privatpersonen und dienen kaum staatlicher Repräsentation: Die früheste staatliche Inschrift ist ein Gesetzestext des 6. Jahrhunderts v. Chr. der Stadt Dreros auf Kreta. Doch werden zunehmend auch Verträge, Bündnistexte, Urkunden wie Beschlüsse der Volksversammlung oder Abrechnungen von öffentlichen Bauwerken inschriftlich festgehalten. Gerade das Athen des 5. und 4. Jahrhunderts v. Chr. ist eine Publikationsdemokratie, in der staatliche Texte öffentlich zugänglich und überprüfbar sind. Auch solche Inschriften betreffen stets den Einzelnen, der hier mit seinen inschriftlichen Äußerungen von Weihungen an die Götter über persönliche Schwierigkeiten bis hin zu spöttischen Äußerungen im Mittelpunkt steht; ein weiterer Schwerpunkt ist die unmittelbare Verbindung von Bild und Text.

Dass Schrift und Inschriften schließlich immer auch der Verbreitung von Vorstellungen und Ideen gedient haben, lässt die Einführung des Alphabets in Griechenland zu einer medialen Revolution werden. Diese war auch die grundsätzliche Voraussetzung für eine technische Fortentwicklung des Schreibens wie die beweglichen Lettern des Johannes Gutenberg (um 1397–1468), die zu einer neuartigen und raschen Vervielfältigung von Texten führten; den direkten Vergleich beider Erfindungen zog schon Conrad Celtis (1459–1508. Übersetzung E. Schäfer):

Nicht geringer als Dädalus, glaubt mir,
oder als der Erfinder der athenischen Zeichen
ist jener Spross der Mainzer Bürger,
Ruhm unseres Namens,
der behende feste Zeichen aus Erz formte
und mit umgekehrten Buchstaben zu schreiben lehrte;
nicht noch nützlicheres als dies konnte entstehen
zu allen Zeiten, glaubt mir!

Und auch ein Immanuel Kant (1724–1804) hat als entscheidendes Moment für den »Ausgang des Menschen aus seiner selbst verschuldeten Unmündigkeit« die Verbreitung eigener Gedanken durch deren Publikation angeführt: Eine Verbreitung, die im digitalen Zeitalter zumindest im Hinblick auf Quantität und Geschwindigkeit noch zugenommen hat. Doch noch immer gehen auch Tweets letztlich auf Entwicklungen und Ideen der griechischen Kultur des 8. Jahrhunderts v. Chr. zurück.

DIE ANFÄNGE DER SCHRIFTKULTUR

1 · Heiteres Tanzvergnügen

Eingeritzt auf Kanne (Athen) · Um 740 v. Chr. · Höhe Gefäß: 22,0 cm · Alphabet: Athen · Hexameter · Fundort: Athen, Kerameikos (Nekropole) · Athen, Nationalmuseum 192

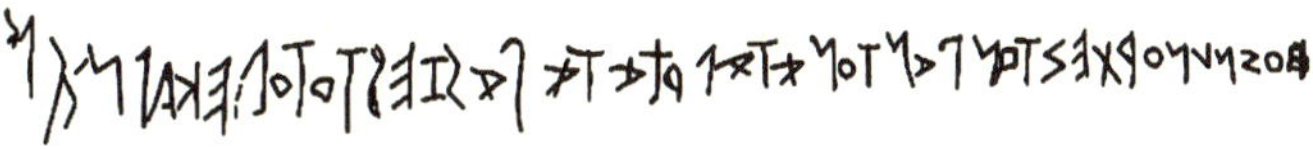

← hòς νῦν ὀρχεστõν πάντον ἀταλότατα παίζει, τõ τόδε κλμιν.

Wer nun aber von den Tänzern allen am ausgelassensten tanzt, dem (soll) diese kalmis (gehören).

Das Ende der linksläufig ausgerichteten Inschrift ist zwar unterschiedlich verstanden worden, doch bleibt der Sinn im Ganzen eindeutig: Die Kanne war ein Siegespreis im Tanzen, und der Schluss des Verses wird damit meinen, dass das als *kalmis* bezeichnete Gefäß dem besten Tänzer zufällt (vgl. dazu Nr. 5). Dabei könnte man nun ebenso an einen ernsthaften Tanzwettbewerb wie an einen eher spontanen Wettstreit z. B. beim Symposion denken – wozu die mit der Inschrift versehene Weinkanne ja auch sehr gut passen würde; aber auch die Wortwahl mit dem Verb *paizein* (tanzen, scherzen) und dem Begriff *atalotata* (»am ausgelassensten«) mag eher auf diese Deutung weisen. Da die Inschrift nach dem Brand des Gefäßes eingeritzt wurde, war dieses aber nicht unbedingt von vornherein als Siegespreis gedacht (vgl. dagegen Nr. 5). Der Tanz ist im 8. Jh. v. Chr. ein sehr beliebtes Thema, das auf bemalter Keramik, auf Siegeln oder auch als Terrakottagruppe dargestellt wurde und auch im frühgriechischen Epos begegnet; hier kommen dann auch ausgelassene Tanzvergnügen wie etwa eine Schar von jungen Männern »scherzend, mit Tanz und Liedern« vor (*Der Schild des Herakles*, Vers 281 ff.).

2 · Liebeszauber auf Ischia

Eingeritzt auf Becher (Rhodos) · Um 740 v. Chr. · Höhe Gefäß: 10,1 cm · Alphabet: Euböa · Vers 1: Iambus, Vers 2/3: Hexameter · Fundort: Ischia, Nekropole · Ischia, Museum 166788

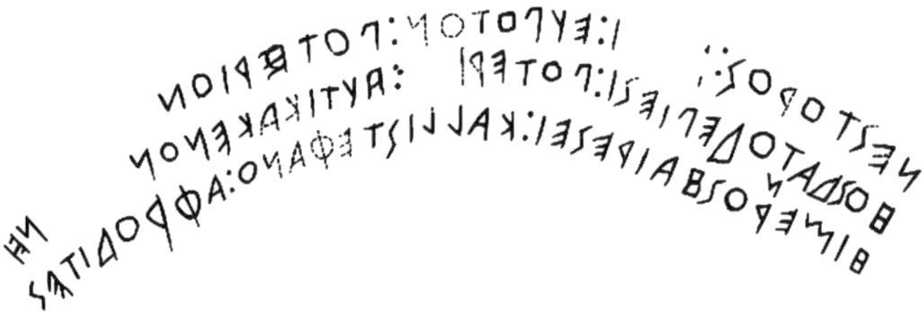

Die Zeichnung gibt die waagrecht auf den Becher geschriebene Inschrift in Entsprechung zum sich nach oben verbreiternden Gefäßkörper wieder.

← Νέστορός : ε[.?.]ι : εὔποτ[ον] : ποτέριον. /
← hὸς δ᾽ ἂν τόδε πίεσι : ποτερί[ον] : αὐτίκα κενον /
← hίμερος hαιρέσει : καλλιστε[φάν]ο : Ἀφροδίτες.

Des Nestor gab es ein zum Trunke wohlgeeignetes Trinkgefäß.
Wer aber aus diesem Trinkgefäß trinkt, sogleich wird jenen
Die Sehnsucht ergreifen der schönbekränzten Aphrodite.

Der mit geometrischen Ornamenten bemalte Becher ist auf Rhodos gefertigt worden und gelangte von dort nach Ischia, der ältesten von Griechen gegründeten Stadt in Italien (frühes 8. Jh. v. Chr.); gefunden wurde er im Grab eines 10–14jährigen. Die Inschrift auf dem kleinen Trinkbecher wurde im Alphabet der Insel Euböa geschrieben, das auch auf Ischia üblich war, und nach dem Brand des Gefäßes eingeritzt. Sie ist allerdings in einigen wesentlichen Teilen verloren, und so ergeben sich verschiedene Varianten der Interpretation und Ergänzung: In Vers 1 »gibt es« damit entweder den Becher eines auf Ischia lebenden Nestor, der nach Vers 2 zugleich ein Liebeszauber ist, oder »es gab« den Becher des mythischen Helden Nestor, der vor Troja als weiser Ratgeber der Griechen auftritt, und dessen Becher in Vers 2 der Becher von Ischia gegenübergestellt wird. Wahrscheinlicher ist die zweite Lösung, der vor allem die klare Gegenüberstellung in Vers 2 (»aber«) entspricht. Damit wird der Trinkbecher von Ischia also wohl mit demjenigen des Nestor verglichen, wie er in der *Ilias* als einziges der dort vorkommenden Gefäße ausführlich beschrieben wird (11. Gesang, Vers 632–635): Der Becher, den gefüllt nur Nestor hochzuheben vermag, besitzt vier Henkel, zudem ist er mit Nieten aus Gold und vor allem mit Taubenfiguren verziert. Wie berühmt dieser Becher war, zeigen die in der Antike über ihn verfassten Abhandlungen und die Nachbildungen des Bechers, die man etwa in Capua besichtigen konnte. Im Vergleich mit diesem hochberühmten Gefäß wird zugunsten des materiell so bescheidenen Trinkbechers von Ischia angeführt, dass dieser einen Liebeszauber bewirkt; den erotischen Vergleich mit dem Becher des mythischen Nestor dürfte dabei ermöglicht haben, dass dieser an seinen Henkeln Tauben aufweist, die Vögel der Liebesgöttin Aphrodite.

3 · A B Gamma

Eingeritzt auf Webgewicht · Um 700 v. Chr. · Höhe Webgewicht: 5,9 cm · Alphabet: Athen · Fundort: Athen, Agora · Athen, Agoramuseum MC 907

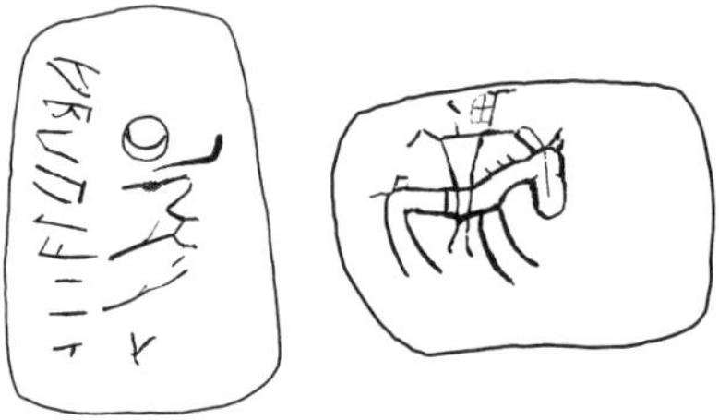

←, → *Alpha, Beta, Gamma, Delta, Epsilon, Zeta, Eta … Kappa, Lambda, My, Ny.*

In die Frühphase der Schrift mag das A B C besonders gut passen, das auf ein Webgewicht zum Beschweren der senkrecht herabhängenden Kettfäden des Webstuhls geschrieben wurde. Solche »ABC-darien« finden sich aber auch in späterer Zeit und verweisen somit wohl in mehrfacher Hinsicht auf Anfänge des Schreibens. Da das Weben üblicherweise eine Tätigkeit der Frauen war – auch wenn berufsmäßige Weber bezeugt sind –, wird man auch das A B C des Webgewichts zunächst mit Frauen verbinden: Und dass Frauen im antiken Griechenland grundsätzlich ebenso lesen und schreiben lernen konnten wie Männer, zeigt sich an den vielen beschrifteten antiken Gegenständen von und für Frauen. Auf dem Webgewicht findet sich noch die Wiedergabe von Pferd und Reiter, die zu den frühesten Darstellungen des Reitens in der griechischen Kunst zählt. Pferde waren in der griechischen Kultur ein wertvoller und kostspieliger Besitz, der nur für Sport- oder Kriegszwecke genutzt wurde, und dessen Wiedergabe in der Vasenmalerei oder der Bronzeplastik des 8. Jhs. v. Chr. eine wichtige Rolle einnimmt. Die Kritzeleien auf dem Webgewicht verbinden damit Aspekte geistigen und materiellen Besitzes.

DIE ARCHAISCHE ZEIT

Lebenswelten

4 · Abschreckung vor Diebstahl

Eingeritzt auf Salbölgefäß (Korinth) · Um 650 v. Chr. · Höhe Gefäß: 4,6 cm · Alphabet: Chalkis auf Euböa · Fundort: Kyme (Unteritalien) · London, British Museum 1885.6-13.1

← Ταταιες ἐμὶ λ
← ἐρυθος. hὸς δ᾽ἄν με κλέφσ
← ει θυφλος ἔσται.

Der Tataie bin ich die Lekythos.
Wer aber mich stiehlt,
soll blind werden.

Die in das kleine Salbölgefäß eingeritzte Inschrift nennt zunächst die Besitzerin und dann eine vehemente Drohung, die angesichts des beschriebenen Gegenstandes ähnlich unverhältnismäßig anmuten mag wie die stolze Inschrift des kleinen Bechers (Nr. 2); das Erblinden galt als Buße für frevelhafte Taten, die Blendung war aber auch eine irdische Strafe bei Vergehen wie der Grabschändung, in der Gesetzgebung des Zaleukos (7. Jahrhundert v. Chr.) in Lokroi (Unteritalien) tatsächlich auch für Diebstahl. Von gewissem irrealem Charakter bleibt dabei, dass die so bedrohliche Inschrift nach erfolgter Bestrafung nicht mehr gelesen werden könnte, also gleichsam ihre Wirksamkeit verliert. Das kleine Salbölgefäß war eine der meistproduzierten Formen korinthischer Töpferwerkstätten, die in das gesamte Mittelmeergebiet exportiert wurde; es ist in einer für diese Gefäße üblichen Weise mit einem Fries schematisierter Hunde und mit Linienmustern verziert. So hat das Gefäß, das heute Aryballos genannt wird, für Tataie jedoch »Lekythos« hieß, einen geradezu kosmopolitisch anmutenden kulturellen Kontext: Hergestellt in Korinth, wurde es nach Unteritalien exportiert und im dort üblichen Alphabet der Stadt Chalkis auf Euböa wohl von einer Nichtgriechin beschrieben: Der Name Tataie ist im griechischen Bereich nicht bekannt, aber etwa im antiken Illyrien (etwa Adria bis Donau). Dass das Gefäß dabei selbst ›spricht‹ (»ich bin«) ist in vielen griechischen Inschriften auf unterschiedlichen Gegenständen zu finden; ähnliche, allerdings ohne eine so drastische Drohung formulierte Diebstahlsverbote begegnen auch auf anderen Tongefäßen archaischer Zeit.

5 · Das Salbölgefäß des guten Tänzers

Aufgemalt auf Salbölgefäß (Korinth) · Frühes 6. Jh. v. Chr. · Höhe Gefäß: 4,5 cm · Alphabet: Korinth · Hexameter · Fundort: Korinth, beim Apollontempel · Korinth, Museum C-54-1

← Πολύτερπος
← Πυρφίας → προχορευόμενος. αὐτο δέ ϝοι ὄλπα.

Polyterpos
Pyrfias als Vortanzender. Diesem aber die Olpe.

Auf dem Salbölgefäß ist eine hier in Umrißzeichnung wiedergegebene belebte Tanzszene zu sehen: Ein Mann in langem Gewand und Mantel spielt die Doppelflöte – das stets mit zwei Rohren gespielte Musikinstrument ist eigentlich der Oboe verwandt –, während vor ihm ein nackter langhaariger junger Mann einen akrobatischen Luftsprung vollführt. Hinter diesem stehen in Zweiergruppen sechs weitere nackte und langhaarige Männer, die dem Springtänzer zusehen. Die eine Inschrift mit dem Namen des Flötenspielers (Polyterpos, der Vielerfreuende) verläuft in einer Biegung, doch die Inschrift zu den Tanzkünsten des Pyrfias ist noch bewegter: In einer S-förmigen Windung ahmt sie geradezu den Sprungtanz nach. Die Inschrift wurde wie die Tanzszene vor dem Brand des Gefäßes aufgemalt, so dass der Aryballos – der im dorischen Sprachraum *olpa* genannt werden konnte – schon bei der Fertigung als Erinnerungsstück für den Erfolg des Pyrfias gedacht war (vgl. dagegen Nr. 1). Da der Aryballos in der Nähe des Apollontempels von Korinth gefunden wurde, mag er dem Gott der Musik als Dank geweiht worden sein, doch wird dazu in der Inschrift nichts gesagt.

6 · Eine Säge am Gartentor

Eingeritzt auf Fuß eines Bechers (Athen) · Mitte 6. Jh. v. Chr. · Durchmesser: 7,1 cm · Alphabet: Megara · Fundort: Athen, Agora · Athen, Agoramuseum P 17824

→ [Θαμνε]ῦ : κάθες : hυπὸ : τõι hοδõι : τᾶς θῦρ[ας]
→ τõ κάπο : πρίον[α]

(Thamne)u(s) lege nieder unter die Schwelle der Tür des Gartens die Säge.

Die Botschaft auf der Tonscherbe vermittelt einen Einblick in vielleicht unspektakuläre, aber doch so alltägliche Formen des Schreibens. Der Name des Adressaten (Thamne)us ist dabei weitgehend ergänzt, Reste des Ypsilon sind aber vorhanden; für den Namen wurden die Besitzerinschriften auf zwei in der Nähe gefundenen Kannen herangezogen, von denen hier die besser erhaltene abgebildet wird (Athen, Agoramuseum P 17826. Länge: 8,6 cm):

→ Θαμνέος εἰμί.

Des Thamneus bin ich (= Dem Thamneus gehöre ich).

Die Besitzerinschriften des Thamneus – bei denen wie häufig das Gefäß spricht (vgl. Nr. 4) – sind im Alphabet Athens geschrieben, während die Mitteilung auf der Scherbe Buchstaben des Alphabets von Megara (auf der Landenge zwischen Attika und der Peloponnes) zeigt (z. B. das Beta = Epsilon, ein dreieckiges Rho). Der Wunsch nach der Säge ging also wohl von einem der Metöken Athens aus, zugewanderten Einwohnern der Stadt ohne Bürgerrechte.

7 · Die Macht des Siegels

Eingeschnitten auf Skarabäus · Um 550–500 v. Chr. · Länge: 1,2 cm · Alphabet: Ägina · Fundort: Ägina · Ehemals Breslau, Archäologisches Museum

→ Θέρσίος
→ ἐμι σᾶμα.
→ μέ με ἄν
→ οιγε.

Des Thersis
bin ich das Sema (Zeichen).
Mich nicht öffne!

Das Gemmenbild mit dem eingravierten Delphin und der Inschrift des Thersis diente als persönliches Siegel. Wie in archaischer Zeit überaus häufig ist dieses in Form eines Skarabäus gestaltet und sehr klein, so dass es leicht mitgeführt werden konnte; auch der Achat als Steinsorte ist im 6. Jh. v. Chr. gebräuchlich. Der dargestellte Delphin wurde in der griechischen Kunst sehr häufig wiedergegeben; die Tiere galten als Freunde des Menschen, als musikliebend und wurden mit Gottheiten wie Aphrodite, Dionysos und Eros verbunden. Mit dem Abdruck des Siegels konnten Briefe oder Waren, aber ebenso auch Türen oder Kästchen gesiegelt und so vor unerlaubtem Zugriff geschützt werden. Die Inschrift des Thersis ist abgesehen von dieser Funktion auch aufgrund des Begriffs *Sema* von Interesse: Das Siegel war mit dem Besitzer wie ein Wappen eng verbunden (vgl. auch Nr. 14).

8 · Geschenkekauf in der Werkstatt

Eingeritzt auf Weinkessel (Athen) · Um 540 v. Chr. · Höhe Gefäß: 28,0 cm. Durchmesser Mündung: 22,0 cm · Alphabet: Signatur attisch, Geschenkinschrift: Sikyon · Fundort: Cerveteri (Toskana) · Rom, Villa Giulia 50599. M446

→ Ἐχσεκίας μ᾽ ἐποίεσε.

Exekias hat mich gemacht.

→ Ἐπαίνετος μ᾽ ἔδοκεν Χαρόποι.

Epainetos schenkte mich dem Charopos.

Der in schwarzfiguriger Technik bemalte Weinkessel wurde von Exekias (tätig um 550–530 v. Chr.), einem der berühmtesten Vasenmaler und Töpfer der griechischen Kunst gestaltet, der zahlreiche neue Vasenformen und Bildthemen entwickelt hat – und so wurden auch Form und Verzierungsschema des Weinkessels von ihm neu konzipiert. Das Gefäß ist mit einem seit Exekias häufig verwendeten Fries von Kriegsschiffen bemalt, und zudem hat es der Vasenmaler mit zwei Inschriften versehen: Die Signatur des Exekias ist wie üblich mit dem Verb *poiein* (»machen«) formuliert, das auf unterschiedliche Phasen der Herstellung von bemalter Feinkeramik bezogen wurde, vermutlich jedoch das technisch aufwendige Brennen des Gefäßes und damit dessen gelungene Fertigstellung meint. Wie die Übereinstimmung im Duktus zeigt, hat Exekias zudem auch die Inschrift im Alphabet von Sikyon bei Korinth eingeritzt, die den Weinkessel als Geschenk ausweist und Schenkenden wie Beschenkten nennt; Inschriften auf Geschenken finden sich in der griechischen Kultur von archaischer Zeit bis in die Spätantike. Der Kessel wurde also von Epainetos als Geschenk für Charopos in der Werkstatt des Exekias in Athen erworben. Wie das in Athen hergestellte und von einem Mann aus Sikyon erworbene Geschenk nach Cerveteri gelangte, ist nicht bekannt.

9 · Siegespreis im Wollekrempeln

Eingeritzt auf schwarzfiguriger Trinkschale (Athen) · Spätes 6. Jh. v. Chr. · Höhe Schale: 12,6 cm. Durchmesser: 29,8 cm · Alphabet: Tarent · Fundort: Tarent · New York, Metropolitan Museum of Art 44.11.1. Rogers Fund, 1944

→ Μελόσας · ἐμὶ · νικατέριον · ξαίνοσα · τὰς · κόρας · ἐνίκε.

Der Melousa bin ich der Siegespreis. Wolle krempelnd besiegte sie die Mädchen.

Die im schwarzfigurigen Stil mit Kämpfen sowie einem großen Augenpaar bemalte Trinkschale – eine von Exekias (vgl. Nr. 8) erfundene Gestaltungsweise – wurde um 520 v. Chr. in Athen hergestellt. Von dort gelangte sie nach Tarent in Unteritalien, wo sie zum Siegespreis für einen Wettstreit junger Frauen im Wollekrempeln wurde; mit »Krempeln« ist dabei gemeint, dass die geschorene Wolle nach dem Säubern über ein spezielles Gerät mit unebener Oberfläche gezogen und in Form gebracht wird. Die Bearbeitung von Wolle und das Herstellen von Kleidern und Stoffen gehörte zu den wichtigen Aufgaben für Frauen im Haus (vgl. Nr. 3). Das verwendete Alphabet von Tarent passt dabei insofern sehr gut, als die Schafe von Tarent und ihre Wolle in der antiken Welt sehr berühmt waren: So zeigen auch die Münzen der reichen Stadt den als Heros verehrten Städtegründer Taras mit einer Spindel. Mit wem allerdings Melousa – der Name (»die sich Kümmernde«) ist nur hier bezeugt – im wohl nicht ganz ernstgemeinten Wettstreit des Wollekrempelns konkurrierte, kann nicht mehr eindeutig bestimmt werden: Wollverarbeitung würde allgemein gut zu »Mädchen« passen, doch war auch für Hetären, die gesellschaftlich sehr unterschiedlich situierten Prostituierten der griechischen Kultur, die Wollverarbeitung eine geläufige Ablenkung beim Warten auf Kunden. Für diesen Zusammenhang könnte auch die Trinkschale für Wein als Siegespreis sprechen, nahmen doch ausschließlich Hetären am trinkfreudigen Symposion der Männer teil.

10 · Handelsfahrer in Gefahr

Inschrift auf Bleitäfelchen · Um 500 v. Chr. · Maße: 15,0 × 6,5 cm · Alphabet: Ionien · Fundort: Berezan (Schwarzmeergebiet) · St. Petersburg, Eremitage Б.70-322

Außenseite
→ Ἀχιλλοδώρο τὸ μολί
→ βδιον παρὰ τὸμ παῖδα
→ κ᾽ Ἀναξαγόρην

Von Achillodoros das Bleitäfelchen
an den Sohn
und Anaxagores.

Innenseite
→ Ὦ Πρωταγόρη ὁ πατήρ τοι ἐπιστέλλε. ἀδικεται
→ ὑπὸ Ματάσυος δολõται γάρ μιγ καὶ τõ
→ φορτηγεσίδ᾽ ἀπεστέρεσεν. ἐλθὼμ παρ᾽ Ἀναξαγό
→ ἀπήγησαι φησὶ γὰρ αὐτὸν Ἀναξαγόρεω ←ρην
→ δõλον ἔναι μυθεόμενος. τ᾽ αμ᾽ Ἀνα⟨ξα⟩γόρης ἔχε.
→ καὶ δόλος καὶ δόλας κοικίας ὁ δὲ ἀναβῶι τε
→ καὶ οὔ φησιν εναι οὐδὲν ἑωυτῶι τε καὶ Ματάσιν
→ καὶ φησιν εναι ἐλεόθερος καὶ οὐδὲν εναι ἑωυτῶι
→ καὶ Ματά{τα}συ⟨ι⟩. δὲ τί αὐτῶι τε κ᾽ Ἀναξαγόρη αὐτοὶ
→ οἶδασι κατὰ σφὰς αὐτός. ταῦτ᾽ Ἀναξαγόρη λέγεν
→ καὶ τῆ γυναικί. ἕτερα δέ τοι ἐπιστέλλε τὴμ μητέρα
→ καὶ τός ἀδε⟨λ⟩φεῦς ἴεσσιν ἐν ἄρ⟨τ⟩᾽ ἵνα τῆισιν ἄγεν ἐς τὴμ πόλιν
→ αὐτὸς δὲ γ … νεορος ἐλθὼμ παρά Μινθυῶρα καταβήσεται.

O Protagoras, der Vater schreibt Dir: Es wird ihm Unrecht getan
von Matasys, versklavt nämlich hat er ihn und sein
Frachtschiff geraubt. Gehe zu Anaxagores

und berichte ihm. Er sagt nämlich, dass er (= Achillodoros) des Anaxagores
Sklave sei, indem er spricht: »Das meine hat Anaxagores inne,
sowohl Sklaven als auch Sklavinnen und Häuser.« Der aber (= Achillodoros) schreit laut auf
und sagt, dass nichts zwischen ihm und Matasys sei
und sagt, dass er ein freier Mann sei und nichts zwischen ihm
und Matasys sei. Was aber zwischen ihm (= Matasys) und Anaxagores
wissen das selbst untereinander. Dies sage Anaxagores [sei, diese
und der Frau (Deines Vaters). Anderes aber trägt er (= Achillodoros)
Dir noch auf: Die Mutter und die Brüder ἐν ἄρ⟨τ⟩' ἵνα τῆισιν, *bringe in die Stadt.*
Selbst aber wird er νεορος *kommen, um dann nach Minthyora / zu den Thyora zu reisen.*

Der älteste erhaltene Privatbrief Europas stammt aus der seit dem 7. Jahrhundert v. Chr. von Griechen besiedelten Region des Schwarzen Meeres und führt in dramatische Verhältnisse: Ein Handelsfahrer namens Achillodoros wird von einem Matasys als Sklave des Anaxagores bezeichnet und seiner Fracht beraubt. Diese Lügengeschichte soll nun der Sohn Protagoras mit Anaxagores klären und sicher auch für Abhilfe sorgen; zugleich soll der Rest der Familie in Sicherheit gebracht werden. Die letzten Zeilen des Briefes werden unterschiedlich gelesen und gedeutet, wobei unklar bleiben muss, ob *Neoros* eine Funktion des Achillodoros, einen Kapitän oder gar einen Volksstamm meint und ob ein Ort namens Minthyora oder ein religiöses Fest (Thyora) angeführt wird, in oder zu dem Achillodoros eintreffen möchte. Das Schicksal des Achillodoros ist jedenfalls ein eindrucksvoller Beleg dafür, wie nahe in der Antike Freiheit und Sklaverei auch außerhalb kriegerischer Ereignisse lagen: So soll etwa Platon auf der Rückreise von Syrakus als Sklave auf Ägina verkauft worden sein. Privatbriefe wurden in der Antike immer wieder auf Bleitäfelchen eingeritzt, von denen sich aber aus der Zeit von etwa 500 v. Chr. bis

300 v. Chr. weniger als ein Dutzend erhalten haben (vgl. Nr. 24); sehr viel häufiger dürfte damit die Verwendung von Keramikscherben (vgl. Nr. 6) oder von Wachstäfelchen gewesen sein.

11 · Eigentumsverfügungen

Inschrift auf Bronzeplatte · Um 500 v. Chr. · Länge: 8,9 cm · Alphabet: Achäisch · Fundort: Petelia (Unteritalien) · Neapel, Nationalmuseum 2484

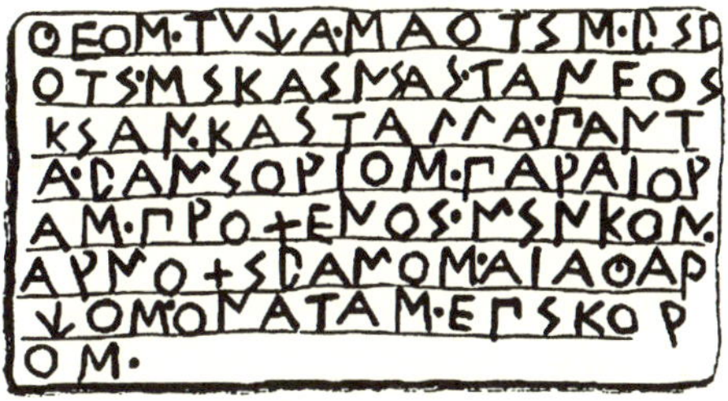

→ Θεός · Τύχα · Σάοτις · δίδ
→ οτι · Σικαινίαι · τὰν ϝοι
→ κίαν · καὶ τἄλλα · πάντ
→ α · Δαμιοργὸς · Παραγόρ
→ ας · Πρόξενοι · Μίνκον ·
→ Ἀρμοξίδαμος · Ἀγάθαρ
→ χος · Ὀνάτας · Ἐπίκορ
→ ος.

Gott! Tyche! Saotis gibt
(dem/der) Sikainia(s) das Haus
und das andere alles.
Damiorgos (war:) Paragoras.
Proxenoi (waren:) Minkon,
Armoxidamos, Agatharchos,
Onatas, Epikoros.

Bei der auf einer Bronzeplatte niedergeschriebenen Verfügung dürfte es sich um das Testament des (oder der) Saotis handeln, in dem ausschließlich ein (oder eine) Sikainias bedacht wird; die Namen sind für Frauen wie Männer bekannt. Die Eigentumsverfügung wird von einem Amtsinhaber der Stadt (Damiorgos, »der öffentlich Wirkende«) und fünf Zeugen beglaubigt. Ob es sich dabei um ein Testament oder eine Schenkung handelt, ist umstritten. Da andere Dokumente dieser Art allerdings im zweiten Fall häufig die Formulierung »lebend und tot« verwenden, ist ersteres wohl wahrscheinlicher, zumal ja anscheinend die gesamte Habe überlassen wird.

Kunst und Handwerk

12 · Baumeister in Syrakus

Inschrift am Apollontempel von Syrakus · Um 550 v. Chr. · Länge der Inschrift: 8 Meter, Höhe: 20 cm · Alphabet: Syrakus

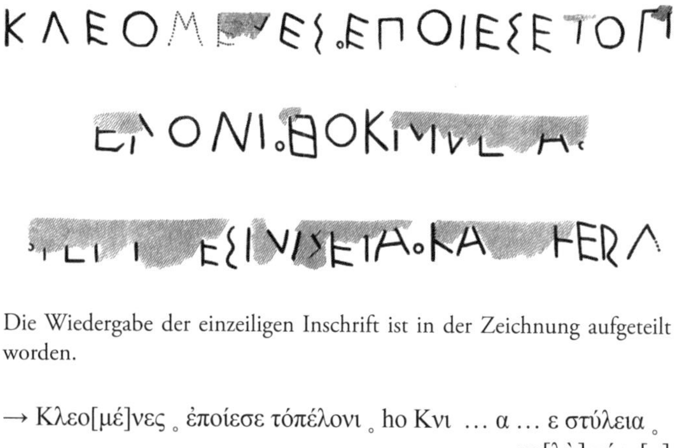

Die Wiedergabe der einzeiligen Inschrift ist in der Zeichnung aufgeteilt worden.

→ Κλεο[μέ]νες ∘ ἐποίεσε τόπέλονι ∘ hο Κνι … α … ε στύλεια ∘ κα[λὰ] ϝέργ[α]

Kleom … es hat es gemacht für Apollon, der (Sohn des) Kni[?], und die berühmten Säulen, schöne Werke.

Der in Teilen noch aufrecht stehende dorische Apollontempel von Syrakus wurde um 600–550 v. Chr. erbaut; mit dem Grundmaß von 21,57 × 55,53 Metern sowie weiteren architektonischen Gestaltungselementen folgte der Architekt dem Vorbild von Tempeln der Stadt Korinth, das Syrakus 733 v. Chr. gegründet hatte. Die Inschrift auf der obersten von drei Stufen des Unterbaus des Tempels (Krepis) ist die älteste erhaltene eines griechischen Architekten oder Baumeisters. Dabei ist aufgrund der unvollständigen Erhaltung die Lesung jedoch nicht ganz eindeutig: So kann der Name als Kleomenes oder Kleomedes gelesen werden; *kepikles* wurde mitunter als weiterer Name verstanden, scheint aber doch eher ein Adjektiv zu sein. Die Inschrift des Apollontempels von Syrakus gehört in eine Zeit, in der Architekten zum ersten Mal Texte über ihre Bauwerke verfassten: So schrieben Theodoros von Samos über den um 570/50 v. Chr. von ihm erbauten Heratempel auf Samos oder Chersiphron und Metagenes von Kreta über den um 560 v. Chr. begonnenen Artemistempel in Ephesos. Wie solche Werke kündet auch die Inschrift in Syrakus vom besonderen Stolz des Baumeisters.

13 · Künstlerstolz und Künstlerspott

Inschrift auf rotfiguriger Amphora des Vasenmalers Euthymides (Athen) · Um 510 v. Chr. · Höhe Gefäß: 60 cm · Alphabet: Athen · Fundort: Vulci (Toskana) · München, Staatliche Antikensammlungen 2307

Die beiden Inschriften des in Athen arbeitenden Vasenmalers Euthymides, von dem man etwa 20 Arbeiten kennt, sind auf die zwei Seiten einer Amphora verteilt, die im rotfigurigen Stil bemalt wurde.

↓→ Ηο Πολίο
↓→ Πρίαμος [Dreipunkt] Εὐθυμίδες
↓→ Ἔαραφσεν (=Ἔγραφσεν)
↓→ Ηέκτορ

Der (Sohn) des Polion
Priamos. Euthymides
hat (es) gemalt
Hektor.

↓→ Ηεκάβε

Hekabe.

Auf der einen Seite der Amphora legt Hektor umgeben von seinen Eltern die Rüstung an: Priamos hält nachdenklich inne, Hekabe hält Helm und Lanze ihres Sohnes bereit, der gerade den Brustpanzer schließt, an dem die Schulterklappen noch nach oben stehen; ein Rundschild mit einem Satyrkopf und Kreisen als Schildzeichen lehnt am Boden. Die Mitglieder der Königsfamilie Trojas sind mit Namensbeischriften benannt, wie sie in der Vasenmalerei Athens seit dem späten 7. Jh. v. Chr. geläufig sind. Dazu hat Euthymides mit *graphein* (zeichnen, schreiben) eine für Vasenmaler übliche Signatur angegeben: Dass er dabei den Namen seines Vaters Polion nennt, weist auf den Status als freigeborener Bürger Athens; Signatur und Namensbeischriften stehen so eng beieinander, dass Euthymides zwischen »Priamos« und »Euthymides« einen Dreipunkt eingefügt hat.

↓→ Ηος οὐδέποτε Εὐφρόνιος.

Wie niemals Euphronios.

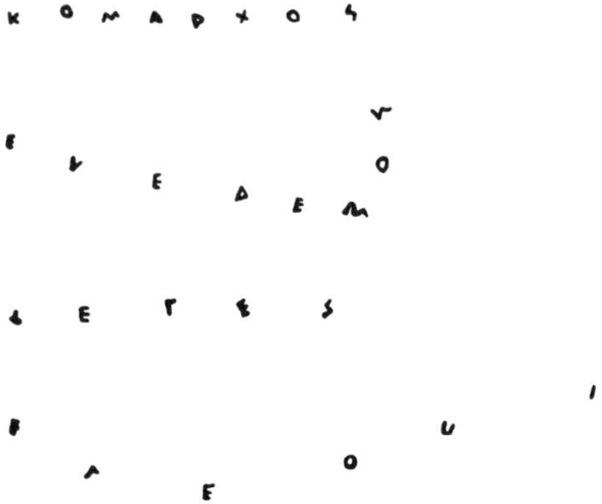

→ Κόμαρχος ↓← ’Εὐ{έ}δεμος ← Τέλες ↓← ελεοπι (?)

Komarchos (»Anführer des Komos). Eudemos (»Gutbürger«). Teles (Männername, verwandt mit »Ziel«)

Ein weinseliger Zecherzug (Komos) nach einem Festgelage (Symposion) ist auf der anderen Amphorenseite zu sehen. Die drei bärtigen und bekränzten Männer, die ihre kurzen Gewänder um die Schulter gelegt haben, weisen dabei für diese Zeit künstlerisch höchst ambitionierte Posen auf: Komarchos steht auf einem Bein, hebt das andere an und hat darauf ein Trinkgefäß (Kantharos) abgestellt, auch die linke Hand ist erhoben; Eledemos schreitet nach rechts, wendet sich jedoch in einer Drehung zu Komarchos um und scheint ihm mit einem Stock zu drohen, wie ihn die Bürger Athens meist mit sich führen; Teles schließlich tänzelt geradezu von rechts heran. Die künstlerisch anspruchsvolle Szene scheint mit der Inschrift ganz links (*Wie niemals Euphronios*) kommentiert zu werden: Euphronios war mit Euthymides der bedeutendste Vasenmaler der Zeit, der ihn mit diesem Bild überflügelt haben will. Solche Anspielungen auf Berufskollegen sind nur in der Vasenmalerei Athens und nur am Ende des 6. und zu Beginn des 5. Jahrhunderts v. Chr. zu finden.

Die Kultur des Jenseits

14 · Die Kore der Phrasikleia

Inschrift auf Basis einer Statue · Um 550/40 v. Chr. · Basisblock mit Inschrift: 56,7 × 27 cm · Alphabet: Athen · Distichon · Fundort: Merenda (Attika) · Athen, Nationalmuseum 4889

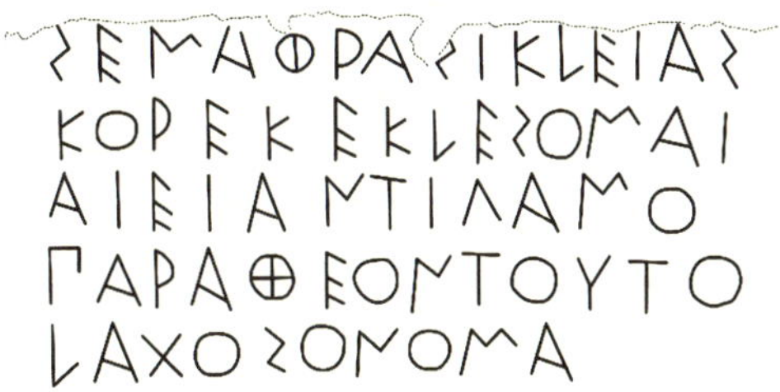

→ σεμα Φρασικλείας
→ κόρε κεκλέσομαι
→ αἰεί / ἀντὶ γάμο
→ παρὰ θεõν τοῦτο
→ λαχõσ' ὄνομα.

Sema (Grabmal) der Phrasikleia.
Jungfrau werde ich heißen
immerdar. Statt der Hochzeit
von den Göttern diesen
erlosend, den Namen.

In der Skulptur von Ionien bis in das griechische Italien ist seit etwa 650 v. Chr. die meistverbreitete Darstellungsart für Frauen und Göttinnen eine fast unbewegt dastehende bekleidete Frau mit langem Haar; zu einer reichen Gewandung kann dabei Schmuck wie Ohrringe und Armbänder hinzukommen, auch werden häufig noch kleine Tiere – Hasen und Vögel – oder Blüten mitgeführt. Die bereits in der Antike als Koren (junge Frau, Jungfrau) bezeichneten Statuen wurden als Weihungen in Heiligtümern, aber auch wie hier auf Gräbern aufgestellt. Immer wieder wird dabei wie im Falle der Phrasikleia betont, dass die Frau vor der Hochzeit gestorben ist, die im antiken Griechenland mit etwa 14 Jahren möglich war. Die Inschrift ist ein frühes Beispiel für die Gestaltung einer Inschrift mit einer durchgehenden Einteilung der Buchstabenproportion (Stoichedon). Als Bildhauer hat Aristion von Paros signiert (Ἀριστίον Πάρι[ος μ᾽ ἐπ]ο[ίε]σε. »Aristion aus Paros hat mich gemacht«), von dem über ein halbes Dutzend Statuen und Reliefs aus Athen und Attika bekannt sind.

15 · Tod eines Kriegers

Inschrift auf Basis einer Statue · Um 540 v. Chr. · Maße Basisblock: 80 × 24,3 cm · Alphabet: Athen · Distichon · Fundort: Anavyssos (Attika) · Athen, Nationalmuseum 3851

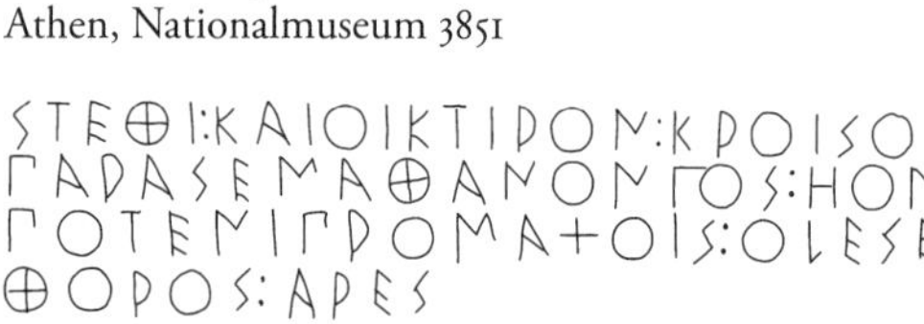

→ στεθι : καὶ οἴκτιρον : Κροίσο
→ παρὰ σεμα θανόντος : / hόν
→ ποτ᾽ ἐνὶ προμάχοις : ὄλεσε
→ θõρος : Ἄρες.

Halt inne und trauere für Kroisos
beim Grab des Toten, den
einst unter den Vorkämpfern vernichtete
der ungestüme Ares.

Die Entsprechung zu Frauenstatuen wie (Nr. 14) bilden Standbilder überwiegend nackter junger Männer, die ein Bein leicht zurück und ein Bein vorgesetzt haben, so dass der Eindruck des Schreitens entsteht; die Arme sind leicht angewinkelt, die Hände zu Fäusten geballt. Der modern als Kuros (Jüngling) bezeichnete Statuentypus war ebenso weit verbreitet wie die Kore und kann wie diese Gottheiten oder Menschen darstellen, in Heiligtümer geweiht wie als Grabstatue verwendet werden; Kuroi mit monumentalen Maßen bis zu 6,50 Meter Höhe dürften dabei Götter oder Heroen meinen. Hier diente der Kuros als Grabmal eines Kroisos, der im Kampf in vorderster Linie fiel; die Namensähnlichkeit mit dem legendären König von Lydien findet in dieser Zeit eine Entsprechung etwa in griechischen Namen nach ägyptischen Herrschern wie Amasis. Der Tod im Kampf war im stets von lokalen Konflikten heimgesuchten Griechenland nur allzu häufig und wurde als sehr ruhmvoll angesehen. Dass dabei der Kriegsgott als Urheber des Todes genannt wird, ist einer der zahlreichen Belege für den Gebrauch von »Ares« als Begriff für den Krieg schlechthin.

Weihgeschenke

16 · Gabe und Gegengabe

Inschrift auf Bronzestatuette · Frühes 7. Jh. v. Chr. · Höhe: 20 cm · Alphabet: Böotien · Hexameter · Fundort: Theben (Böotien) · Boston, Museum of Fine Arts 03.997

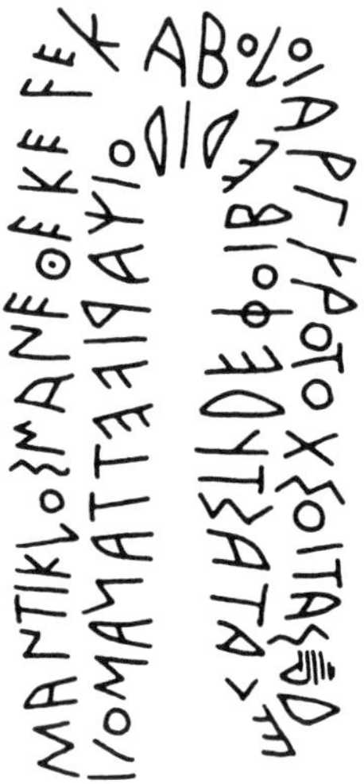

Die Inschrift beginnt aufsteigend links unten, führt bogenförmig rechts wieder herab, dann umknickend steil nach oben und wieder herab; dabei ändert sich auch die Schreibrichtung (zunächst →, dann ←):

Μάντικλός μ' ἀνέθεκε ϝεκαβόλοι ἀργυροτόξσοι / τᾶς {δ} δεκάτας. τὺ δέ, Φοῖβε δίδοι χαρίϝετταν ἀμοι[βάν].

Mantiklos hat mich geweiht dem Fernhintreffer, dem Silberbogner, aus dem Zehnten. Du aber, Phoibos, gib mir erfreuende Gegengabe.

Die Inschrift befindet sich auf den Oberschenkeln der Bronzestatuette eines bis auf einen Gürtel unbekleideten jungen Mannes mit langem Haar und ist *boustrophedon* geschrieben; diese in archaischer Zeit häufige, aber auch noch in der Klassik vorkommende Gestaltungsart von Inschriften »wie das Rind den Pflug zieht« wird bereits bei Pausanias in seiner *Beschreibung Griechenlands* (2. Jh. n. Chr.) genannt (vgl. Einleitung). Aufgrund der Weihinschrift an Apollon wird es sich bei der Jünglingsfigur um eine Darstellung des Gottes handeln, der in der einen Hand einen Bogen gehalten haben dürfte. Die für Apollon typische Waffe begegnet mit der Bezeichnung »Silberbogner« auch in der Inschrift, die im Versmaß des homerischen Epos abgefasst wurde und häufig verwendete Wörter des Epos (»Fernhintreffer«) aufweist; das Verb »aufstellen« für weihen ist in Weihinschriften dagegen allgemein üblich. In Theben, wo die Statuette gefunden wurde, gab es einen bedeutenden Apollonkult, bei dessen Hauptfest, den Daphnephorien (das »Lorbeertragen«), eine Prozession mit verzierten Lorbeerzweigen durchgeführt wurde. Auf ein durchaus unverkrampftes Verhältnis zum göttlichen Gegenüber weist das Ende der Inschrift hin, mit dem die erhoffte Gegengabe für die aus dem Zehnten eines Ertrags finanzierte Weihung thematisiert wird; die Erwähnung des Zehnten begegnet häufig, die der so deutlich formulierten Erwartungen an den Gott hingegen kaum einmal.

17 · Eine Statue für Artemis

Inschrift auf Statue · Um 650 v. Chr. · Höhe Statue: 1,75 m · Alphabet: Naxos · Hexameter · Fundort: Delos, Apollonheiligtum · Athen, Nationalmuseum 1

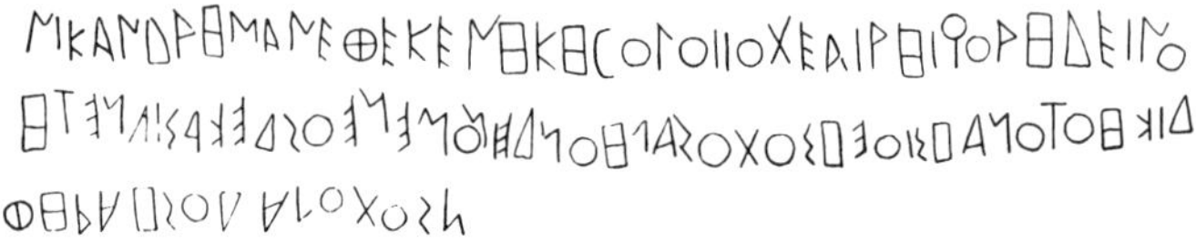

↑→ Νίκανδρη μ᾽ ἀνέθεκεν hεκηβόλοι ἰοχεαίρηι /, ϙόρη Δεινο
↓← δίκηο τõ Ναhσίο, ἔhσοχος ἀλήον /, Δεινομένεος δὲ κασιγνέτη
↑← Φhράhσο δ᾽ ἄλοχος ν[ῦν]. [Buchstaben auf dem Kopf stehend]

Nikandre hat mich geweiht der Fernhintreffenden, der Pfeilfrohen, die Tochter des Deinodikos
von Naxos, herausragend unter allen, des Deinomenes Schwester,
des Phraxos Gattin nun.

Die Weihinschrift steht auf der Beinpartie der linken Seite der Statue, die als ruhig stehende bekleidete Frau mit langem Haar gestaltet ist (Kore; vgl. Nr. 14), bei der aber noch an den Händen Bohrungen vorhanden sind: Ähnlich wie beim »Mantiklos-Apollon« (Nr. 16) deutet dies am ehesten auf das Vorhandensein eines Bogens sowie eines Pfeils hin, womit die Statue die »Fernhintreffende«, die »Pfeilfrohe« Artemis meint; es ist damit das älteste erhaltene großplastische Götterbild der griechischen Kunst. Artemis wurde auf Delos bei mehreren Festen und mit reichen Opfern verehrt, häufig gemeinsam mit ihrem Bruder Apollon – beide sollen ja auf der Insel geboren worden sein. Wie immer wieder angenommen wurde, kann Nikandre Priesterin auf Delos gewesen sein, doch mag als Anlass der Weihung ebenso gut an ihre Teilnahme bei einem der zahlreichen Festzüge nach Delos zu denken sein, bei denen Frauenchöre von großer Bedeutung waren. Nikandre wird dabei zwar als Weihende genannt, doch bezeugen die angeführten Namen von Vater, Bruder und Ehemann, dass sie vor allem als prominente Vertreterin einer Familie aufzufassen ist, die mit Naxos aus einer der reichen Handelsstädte archaischer Zeit stammte.

18 · Die Axt des Kyniskos

Inschrift auf Bronzeaxt · 2. Hälfte 6. Jh. v. Chr. · Höhe: 15,5 cm · Alphabet: Achäisch · Fundort: San Sosti (Kalabrien) · London, British Museum 1884,0614.31

→ τᾶς hέρας hιαρός
→ ἐμὶ τᾶς ἐν πεδί
→ οι. Ϙυνίσϙο
→ ς με ἀνέθε
→ κε ὅρταμο
→ ς ϝέργον
→ δεκάταν.

Der Hera heilig
bin ich, der in der Ebene.
Kyniskos
hat mich geweiht,
der Metzger,
aus der Arbeit
Zehntem.

Im griechischen Kult sind Tieropfer eines der wichtigsten Rituale zu Ehren der Gottheit, wobei nach dem Opfer das meiste Fleisch an die Kultbeteiligten verteilt wurde. Bei derartigen Opferhandlungen dürfte auch der Metzger mitgewirkt haben, der der Göttin Hera »aus dem Zehnten« seiner Erträge eine Bronzeaxt geweiht hat; der Kultbeiname »in der Ebene« ist dabei gerade für Hera mehrfach bezeugt. Dass das Töten eines Opfertieres keineswegs als harmlose Angelegenheit gesehen wurde, zeigt sich an unterschiedlichen Aspekten des Opfervorgangs: So durfte das Opfertier keine Aufregung zeigen und sich nicht wehren, was zum Abbruch des Opfers geführt hätte. In Athen wurde beim Tieropfer an einem Zeusfest (Bouphonia, die »Ochsentötung«) gar eine ›Unschuldskomödie‹ inszeniert: Nach dem Töten des Tieres flüchtete der Opferdiener, worauf die Opferaxt des Mordes angeklagt, in einem rituellen Prozess verurteilt und im Meer versenkt wurde. Kyniskos allerdings hat sein Arbeitswerkzeug stolz der Göttin geweiht.

19 · Ein erfolgreicher Kapitän

Inschrift auf Steinanker · Spätes 6. Jh. v. Chr. · Höhe Anker: 1,15 m · Alphabet: Ägina · Fundort: Gravisca (Toskana) · Tarquinia, Museum

→ Ἀπο
→ λόν
→ ος Αἰ
→ γίνα
→ τα ἐμ
→ ὶ Σόστ
→ ρατος
→ ἐποίε
→ σε ho

Des
Apollon
von Ägina
bin ich.
Sostratos
machte, der …

Auf Steinankern von der Insel Ägina unweit von Athen sind mehrfach Inschriften bezeugt, die etwa auch den Namen des Schiffes angeben können. Die Inschrift auf dem zur Hälfte erhaltenen Steinanker, der in der Hafenstadt von Tarquinia gefunden wurde, weist dagegen auf eine Weihung hin, wie sie auch mit dem Verb *poiein* ausgedrückt werden kann. Da der Anker dem Apollon von Ägina geweiht wurde und die Inschrift dem Alphabet der Insel folgt, liegt nahe, dass Sostratos aus der reichen Handelsstadt stammte. Und tatsächlich überliefert der griechische Historiker Herodot (um 480–430 v. Chr.) in den *Historien* einen entsprechenden Handelsfahrer (4, 152. Übersetzung J. Feix); die Rede ist von Handelsleuten aus Samos, die bei einer ihrer Unternehmungen überaus reiche Einkünfte erzielten: »Als daher das Schiff wieder nach Samos heimkehrte, brachte es einen reichen Erlös seiner Waren mit nach Hause wie nie ein griechisches Schiff, von dem wir genaue Nachricht haben, ausgenommen allerdings Sostratos, der Sohn des Laodamas, aus Ägina. Mit ihm kann kein anderer den Vergleich aufnehmen«. Mit diesem Sostratos wird auch die Buchstabenfolge SO verbunden, die sehr häufig auf der Fußunterseite von in Athen zur selben Zeit hergestellter Keramik eingeritzt wurde:

Derartige Ritzinschriften findet sich nur auf Keramik, die aus Athen exportiert wurde, und werden daher als Handelsmarken angesehen. Ob SO allerdings tatsächlich auf den berühmten Sostratos bezogen werden kann, ist nicht gesichert.

Text im Bild

20 · Die Wünsche des Verkäufers

Aufgemalt auf schwarzfigurig bemaltem Gefäß (Pelike, Athen) · Um 540 v. Chr. · Höhe Gefäß: 37,8 cm · Alphabet: Athen · Vatikanische Museen 413

Auf bemalter griechischer Feinkeramik wird immer wieder der Gebrauch der jeweiligen Gefäßform im Bild dargestellt, doch kaum einmal mit so viel Witz wie hier. Die beiden Bilder des zweihenkligen, im schwarzfigurigen Stil bemaltem Gefäßes, das als Pelike bezeichnet wird, zeigen zwei Marktszenen mit diesen Gefäßen; auf der Gefäßform sind Alltagsszenen allgemein sehr beliebt.

→ Ὦ Ζεῦ πάτερ αἴθε πλούσιος γεν ...

O Zeus Vater, wenn ich doch reich würde ...

Zwei Männer sitzen mit kurzem Gewand um Hüfte und Oberschenkel beiderseits eines Baumes, hinter dem ein Hund steht. Vor beiden befindet sich eine Pelike auf dem Boden, doch während der linke gerade mit Abfüllen beschäftigt ist, hält der rechte einen Stab und streckt die andere Hand zu dem Hund aus: Zur Geschäftigkeit des linken Mannes dürfte dessen ›Gebet‹ um Reichtum passen. Die Szene wird auf dem Marktplatz (Agora) von Athen vorgestellt sein, dem sozialen, ökonomischen und politischen Herz der Stadt (vgl. Nr. 3), der reich begrünt war.

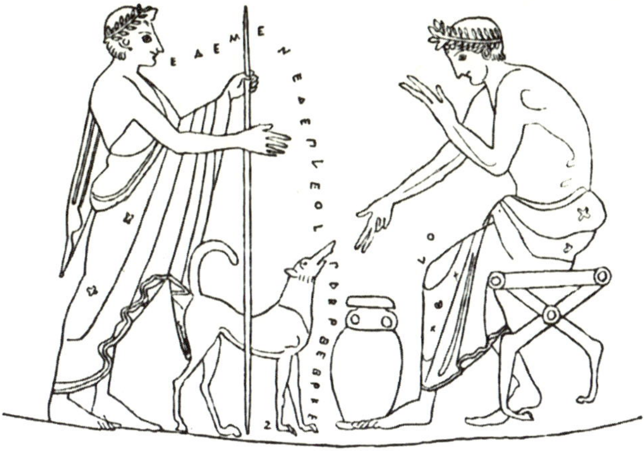

↓→ ἤδη μέν ἤδη πλέο[ν] παραβέβακεν.

Bereits (genug) allerdings, bereits voll, es läuft schon über.

Auf der anderen Gefäßseite steht ein Mann mit Hund bei einem Sitzenden, wobei die beiden über den angemessenen Inhalt der Pelike uneins zu sein scheinen. Die Gestaltung von Vasenbildern im Sinne eines Comic setzt im 6. Jh. v. Chr. ein und erlebt im späten 6. und frühen 5. Jh. v. Chr. einen Höhepunkt.

21 · »Eine Schwalbe ...«

Aufgemalt auf rotfigurig bemaltem Gefäß (Pelike, Athen) · Um 520 v. Chr. · Höhe: 37,5 cm · Alphabet: Athen · Fundort: Vulci (Toskana) · St. Petersburg, Eremitage ΓΡ-8057 (615)

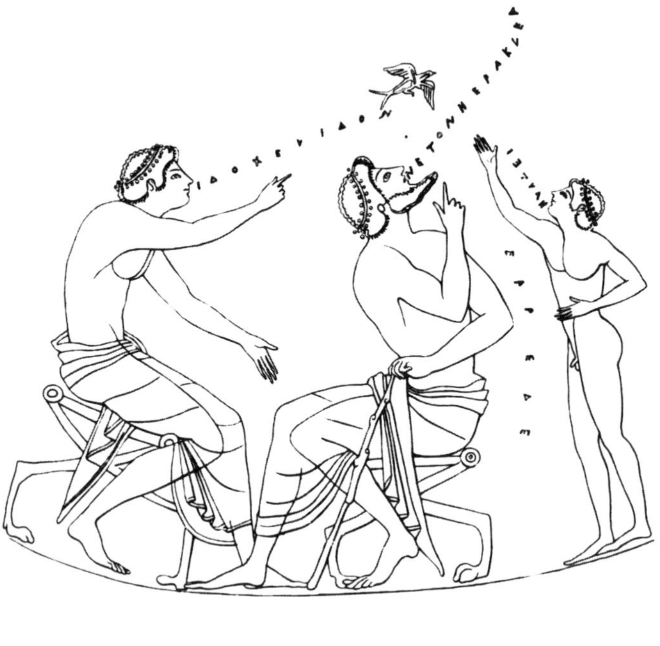

Junger Mann: → ἰδο[ύ] χελιδόν – Bärtiger Mann: → νὲ τὸν hερακλέα – Knabe: ← hαυτεί – Ohne Sprecher: → ἔαρ ἔδε.

Junger Mann: »Sieh da, eine Schwalbe« – Bärtiger Mann: »Ja, beim Herakles« – Knabe: »Da ist sie« – Ohne Sprecher: »Der Frühling ist da«.

Das Erscheinen eines fliegenden Vogels wird von drei Männern mit großer Anteilnahme beobachtet: Ein sitzender junger Mann, der diesen als Schwalbe benennt; ein ebenfalls sitzender bärtiger Mann, der sich umdreht und die Beobachtung des jüngeren mit dem verbreiteten »Beim Herakles« bekräftigt; und ein rechts stehender nackter Knabe, der seine Geste mit den Worten »Da ist sie« unterstreicht. Eine Inschrift, die keinem der drei zugeordnet wird, gibt die eigentliche Pointe an: Nicht um Vogelkunde geht es hier, sondern um das Kommen des Frühjahrs. Dem Aufblühen der Natur galten bereits in der Antike zahlreiche Bräuche, und so begrüßte man auch die Schwalbe als Frühlingsboten; besonders schön zeigt sich die Verbindung an einem auf archaische Zeit zurückgehenden Frühlingsbrauch der Insel Rhodos, bei dem Kinder ein Schwalbenlied sangen, von dem hier nur der Anfang zitiert wird:

ἦλθ᾽ ἦλθ᾽ χελιδὼν
καλὰς ὥρας ἄγουσα
καὶ καλοὺς ἐνιαυτούς
ἐπὶ γαστέρα λευκά
κἀπὶ νῶτα μέλαινα.

Gekommen ist, gekommen die Schwalbe
Schöne Zeiten herbeiführend
und schöne Jahreszeiten,
auf dem Bauch weiß
und auf dem Rücken schwarz.

Zu diesem Lied zogen die Kinder in Gruppen umher, brachten gute Wünsche und erbaten Leckereien. Ihr Anführer (vielleicht auch alle Kinder) war als Schwalbe kostümiert und hielt eine Tonschwalbe in der Hand.

KLASSIK

Lebenswelten

22 · Eine Schulszene

Attisch rotfigurige Trinkschale des Douris (Athen) · Um 490/80 v. Chr. · Höhe Schale: 11,5 cm · Alphabet: Athen · Hexameter · Fundort: Cerveteri (Toskana) · Berlin, Antikensammlung F 2285

→ Μοῖσά μοι
→ ἀ[μ]φὶ Σκάμανδρον
→ ἐύρ[ρ]ων ἄρχομαι
→ ἀει{ν}δειν

Muse, für mich (sei da).
Vom Skamander
Dem wohlfließenden, beginn ich
Zu singen.

Die in einer Umrisszeichnung wiedergegebene Schulszene auf der Trinkschale des bedeutenden Vasenmalers Douris, von dem etwa 250 Arbeiten – vor allem Schalen – bekannt sind, dürfte die wohl bekannteste der seltenen Darstellungen dieses Themas sein: Gezeigt werden die auf Stühlen sitzenden Lehrer (»Didaskalos«), die Musikunterricht geben oder mit Schulaufgaben beschäftigt sind. Einer von ihnen hält eine Schriftrolle, wie sie auf attischen Vasenbildern mehrfach gezeigt wird, und lässt den vor ihm stehenden Knaben den Beginn eines ansonsten nicht bekannten Epos rezitieren; über beiden hängen eine Leier und ein Flötenfutteral. Die griechische Dichtung gehörte noch bis in die Spätantike zum üblichen Schulrepertoire. Häufiger als derartige Buchrollen wird in der attischen Vasenmalerei allerdings gezeigt, wie Symposiasten oder Rhapsoden Gedichte und Epen vortragen, deren Text dann vor deren Mund angegeben wird (Nr. 36).

23 · Der philosophische Schuster

Eingeritzt auf Fuß einer Trinkschale (Athen) · Mitte 5. Jh. v. Chr. · Länge Inschrift: ca. 5,5 cm · Alphabet: Athen · Fundort: Athen, Agora, Werkstatt des Simon · Athen, Agoramuseum P 22998

→ Σίμωνος.

Des Simon.

Von der Trinkschale, die in einer für Gebrauchskeramik in Athen üblichen Technik mit vollständig schwarzer Oberfläche gebrannt wurde, ist nur der Gefäßfuß mit der Besitzerangabe eines Simon erhalten. Der Name wäre zunächst nicht weiter auffällig, doch weisen die Mitfunde – Schusternägel und Knochenösen, wie sie für Sandalen benutzt wurden – auf das Metier des Simon: Der Befund stammt aus einer Schusterwerkstatt nahe der Agora von Athen (vgl. Nr. 19). Damit dürfte es sich um die Werkstatt der Familie des Schusters Simon handeln, die als Ort zahlreicher Gespräche des Sokrates überliefert ist. Diogenes Laërtios (3. Jh. n. Chr.) widmet dem Schuster in seinen *Philosophenviten* einen eigenen Abschnitt, hat dieser doch 33 Gespräche mit Sokrates in Dialogform veröffentlicht: Die Titel weisen auf Themen wie die Götter, das Schöne oder die Dichtkunst. Diese verlorenen *Schusterdialoge* waren die frühesten Veröffentlichungen zur Lehre des Sokrates.

24 · Liebespaar in Ägypten

Eingeritzt auf Standfläche eines Bechers (Athen) · Spätes 5. Jh. v. Chr. · Durchmesser Fuß 10,4 cm · Trochäus · Fundort: Naukratis (Ägypten) · Oxford, Ashmolean Museum G 141-48

→ Γοργίας φι / λεῖ [Τά]μυνιν /
→ καὶ Τάμυνις / Γοργίαν φιλ[εῖ].

Gorgias liebt (Ta)mynis
und Tamynis Gorgias liebt.

Naukratis war eine der ersten griechischen Siedlungen in Ägypten und blieb seit dem 7. Jahrhundert v. Chr. eine blühende Handelsstadt, in der zahlreiche Zeugnisse der griechischen Kultur gefunden wurden. Die auf einem aus Athen mitgebrachten oder importierten Trinkbecher entstandene Inschrift ist durchgängig von einer Hand – doch wohl von Gorgias – geschrieben, so dass das scheinbare amouröse Zwiegespräch wohlkalkuliert war. Und dies auch deswegen, weil sich bis zur zweiten Nennung von Gorgias ein perfekter Vers ergibt, der mit der Wiederholung von »liebt« jedoch nicht mehr aufgeht. Der auch für seinen Humor bekannte britische Archäologe John D. Beazley (1885–1970) hat ›rekonstruiert‹, wie es dazu gekommen ist: »Gorgias schreibt seinen Tetrameter und liest ihn Tamynis vor, seiner kleinen ägyptischen Freundin, die keine große Gelehrte ist: T. Wo ist »Gorgias liebt Tamynis«? – G. Hier, in der ersten Zeile. – T. Und wo ist »Tamynis liebt Gorgias«? – G. Hier, in der zweiten Zeile. – T. Wo ist »Tamynis«? – G. Hier! – T. Und wo ist »Gorgias«? – G. Hier! – T. Und wo ist »liebt«? – G. Oh, das steht in der ersten Zeile. – T. Aber ich möchte es in *meiner* Zeile! – G. Aber das ruiniert das Versmaß! – T. Was ist ein Versmaß? – G. . . . . . – T. Ich möchte es in *meiner* Zeile! – (Weint. Gorgias resigniert).

25 · Leidvolle Lehrlingszeit

Eingeritzt in Bleitäfelchen · 4. Jh. v. Chr. · Länge: 18,3 cm · Fundort: Athen, Agora · Athen, Agoramuseum IL 1702

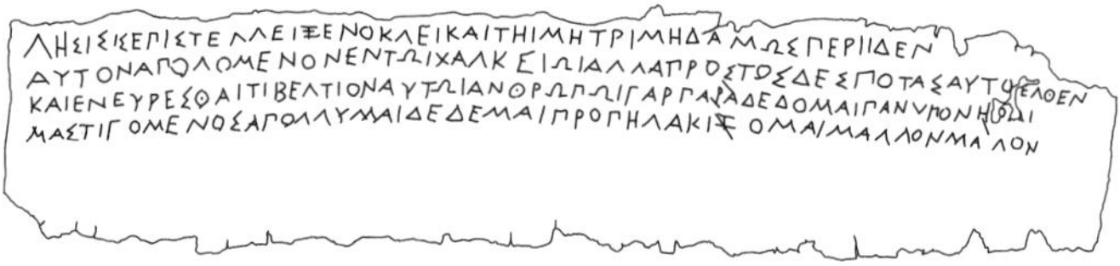

→ Λῆσις {ις} ἐπιστέλλει Ξενοκλεῖ καὶ τῆι μητρί μηδαμῶς περιιδεν
→ αὐτὸν ἀπολόμενον ἐν τῶι χαλκείωι ἀλλὰ πρὸς τός δεσπότας αὐτõ ἐλθεν
→ καὶ ἐνευρέσθαι τι βέλτιον αὐτῶι. ἀνθρώπωι γὰρ παραδέδομαι πάνυ πονηρῶι.
→ μαστιγόμενος ἀπόλλυμαι. δέδεμαι. προπηλακίζομαι. μᾶλλον. μᾶ[λ]λον.

Lesis schreibt an Xenokles und seine Mutter, keineswegs zu übersehen,
dass er in dem Erzbetrieb zugrunde geht, sondern zu seinen Herren zu kommen
und etwas Besseres für ihn zu finden. Einem Menschen bin ich doch ausgeliefert einem ganz üblen.
Ich gehe an der Prügel zugrunde. Ich werde gefesselt. Ich werde in den Dreck getreten. Immer mehr. Immer mehr.

In dem wie üblich auf einem Bleistreifen geschriebenen Brief (vgl. Nr. 10) bittet ein offensichtlich minderjähriger Lesis seine Eltern flehentlich, ihn aus dem Elend seiner Arbeitsstätte zu erlösen, in der er schwer misshandelt wird. Dass dies tatsächlich antikem Alltag entspricht, belegen verschiedene Vasenbilder, auf denen Mitarbeiter in Handwerkerbetrieben an den Händen aufgehängt, geprügelt oder in den Block geschlossen werden. Freilich wird auffallen, dass die so emotionale Botschaft von einem versierten Schreiber gestaltet wurde, dem dann auch die gekonnte rhetorische Steigerung zu verdanken sein wird: »Immer mehr! Immer mehr!«.

26 · Verehrungsstätte für einen Dichter

Inschrift um 350 v. Chr. auf Kapitell (um 550–525 v. Chr.) · Länge Kapitell: 91,2 cm · Hexameter · Fundort: Paros, Heroon des Archilochos · Paros, Museum A 733

→ Ἀρχίλοχος Πάριος Τελεσικλέος ἐνθάδε κεῖται /
→ τõ Δόκιμος μνημῆιον ὁ Νεοκρέωντος τόδ᾽ ἔθηκεν.

Archilochos aus Paros, (der Sohn des) Telesikles, liegt hier,
dessen Erinnerungsmal Dokimos, der Sohn des Neokreon, dieses, aufgestellt hat.

In der Antike konnten Dichter große Berühmtheit erlangen, doch dürfte abgesehen von Homer kaum einem anderen Literaten eine so eindrucksvolle Wirkung zukommen wie dem auf der Insel Paros geborenen Archilochos (um 680 – um 640 v. Chr.). Der zeitweise als Söldner tätige Dichter war für seine Werke hochberühmt, in denen er ebenso über Kampf und Krieg wie über Liebe und deftiges erotisches Vergnügen zu dichten wußte, jedoch auch berüchtigte Schmähgedichte auf persönliche Gegner verfasste; auch ein Horaz (65–8 v. Chr.) wird sich auf das Vorbild des Archilochos berufen. Auf seiner Heimatinsel wurde Archilochos in archaischer Zeit ein aufwendiges Grabmal errichtet, von dem um 350 v. Chr. ein Dokimos ein Kapitell aus dem sehr geschätzten parischen Marmor für seine Stifterinschrift nutzte. Das Monument wird dann im 3. Jh. v. Chr. von einem Mnesipes restauriert werden, der in einer langen Inschrift das Leben des Archilochos und die ihm dargebrachte kultische Verehrung beschreibt. Eines der aufsehenerregendsten Ereignisse der Inschrift ist die Begegnung des jungen Archilochos mit den Musen: Als er eine Kuh zum Markt bringen soll, trifft er auf eine Gruppe Frauen und tauscht die Kuh gegen eine Leier – der legendäre Beginn seiner Dichterlaufbahn wurde sogar in der klassischen Vasenmalerei Athens dargestellt.

Kunst und Handwerk

27 · Der Becher des Phidias

Eingeritzt auf die Standfläche eines Bechers · Um 440/30 v. Chr. · Höhe: 7,7 cm · Alphabet: Athen · Fundort: Olympia · Olympia, Neues Museum P 3653

→ Φειδίο εἰ | μὶ

Des Pheidias bin ich.

Der Becher mit der Besitzerinschrift eines der berühmtesten Bildhauer der griechischen Klassik (um 470–420 v. Chr.) wurde im Jahr 1958 in Auffüllungen südlich der Werkstatt des Phidias in Olympia gefunden, die eigens für die Fertigung des Kultbildes im Zeustempel erbaut wurde: Die knapp 12,50 Meter hohe Götterstatue des Zeus, deren Oberfläche wie bei der Athena im Parthenon auf der Akropolis aus Gold und Elfenbein gearbeitet war, gehörte zu den Sieben Weltwundern. In der Werkstatt wurden zahlreiche Werkzeuge, Materialreste (Elfenbein, Bergkristall, Glas), Tonformen (für die Gestaltung von Gewandpartien in Glas) und auch Keramik gefunden. Besonderes Aufsehen erregte freilich der kleine, in einer für Gebrauchskeramik üblichen Technik schwarz gebrannte Trinkbecher (vgl. Nr. 23), auf dessen Unterseite die Besitzerinschrift des Phidias in den tongrundigen Teil um ein aufgemaltes Kreismotiv eingeritzt wurde; dass der Becher (»ich bin«) ›spricht‹ ist dabei seit den frühesten Besitzerinschriften üblich (vgl. Nr. 2). Immer wieder geäußerte Zweifel an der antiken Entstehung der Inschrift sind durch das Vorhandensein von Sinter in der Einritzung widerlegt.

28 · Eine Statue Polyklets

Inschriften auf Statuenbasis · Nach 452 v. Chr. · Maße: 24 × 50 × 58 cm · Alphabet: Argos und Elis · Fundort: Olympia · Olympia, Altes Museum 675

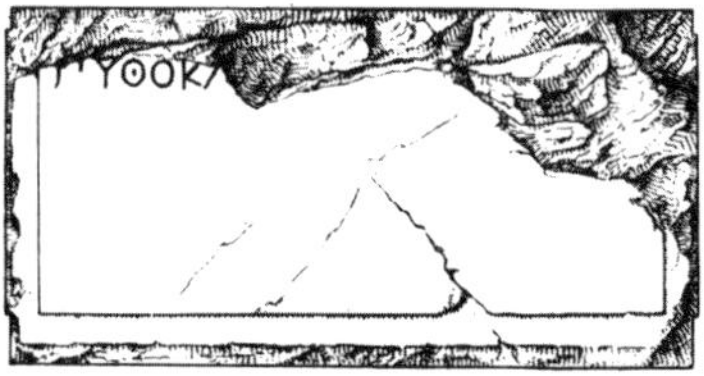

→ Πυθοκλ[ες] …

Pythokl(es)

Vorderseite Basis (Alphabet: Elis, Mitte 5. Jh. v. Chr.)

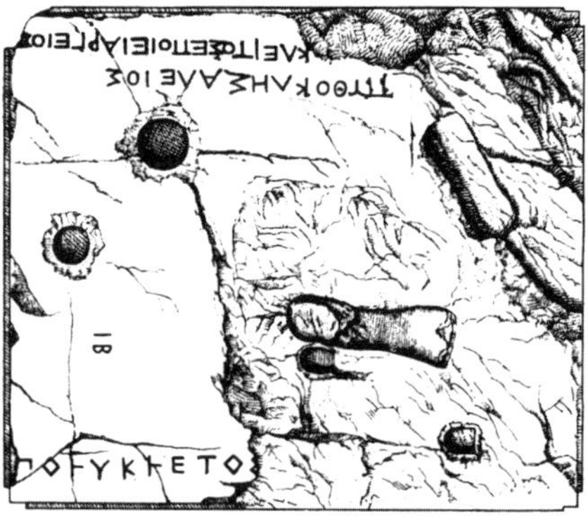

→ Πολύκλετο[ς] …

Polykle(i)to(s)

Oberseite Basis (Alphabet: Argos, Mitte 5. Jh. v. Chr.)

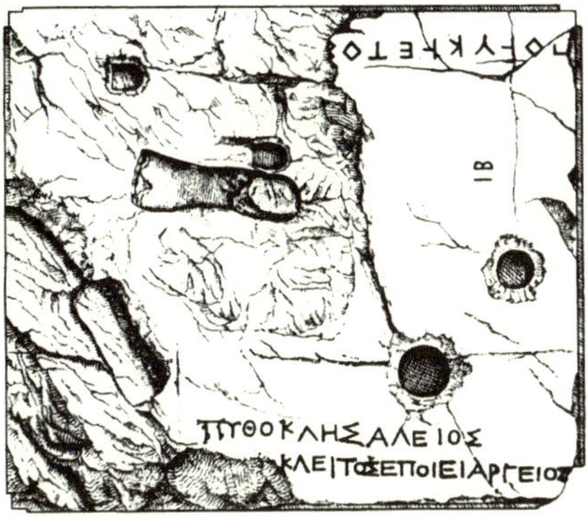

→ Πυθοκλῆς Ἀλεῖος
→ ...?]κλειτος ἐποίει Ἀργεῖος

Pythokles aus Elis. ...?]kleitos hat es gemacht der Argiver.

Oberseite Basis (Hellenistisch)

Gleich dreimal ist eine Statue des Pythokles aus Elis (der Stadtstaat, zu dem Olympia gehörte) bezeugt, der im Jahre 452 v. Chr. in Olympia einen sportlichen Sieg errang und eine der zahlreichen Siegerstatuen im Zeusheiligtum erhielt; die Statue wurde von Polyklet (um 460–410 v. Chr.) gefertigt, der die klassische Plastik zu einem Höhepunkt geführt hat und darüber auch ein schriftliches Werk (*Kanon*) verfasste. Erhalten ist von der Weihung allerdings nur die Basis aus Kalkstein, die neben den zum Teil verlorenen originalen Inschriften mit den Namen von Sportler und Künstler auf der Oberseite zudem eine jüngere Inschrift wohl des 1. Jahrhunderts v. Chr. aufweist. Die Statue des Pythokles wird zudem bei Pausanias (2. Jh. n. Chr.) in der *Beschreibung Griechenlands* mit Nennung der Sportart und des Bildhauers angeführt: » ... die darauffolgende Statue, den Fünfkämpfer aus Elis, Pythokles, hat Polyklet gearbeitet«; der Fünfkampf war mit der Kombination von Diskuswurf, Weitsprung, Speerwerfen, Lauf und Ringen eine höchst anspruchsvolle Disziplin. Statuen siegreicher Athleten stellten nicht nur in Olympia, sondern in allen mit entsprechenden Wettbewerben verbundenen Heiligtümern eine der häufigsten

Weihungen dar. Die Statue des Pythokles muss jedoch auch als Kunstwerk eines der berühmtesten Bildhauer der Klassik Anklang gefunden haben; zu einem nicht genau bekannten Zeitpunkt wurde sie nach Rom gebracht, wo eine entsprechende Statuenbasis des 2. Jahrhunderts n. Chr. erhalten ist:

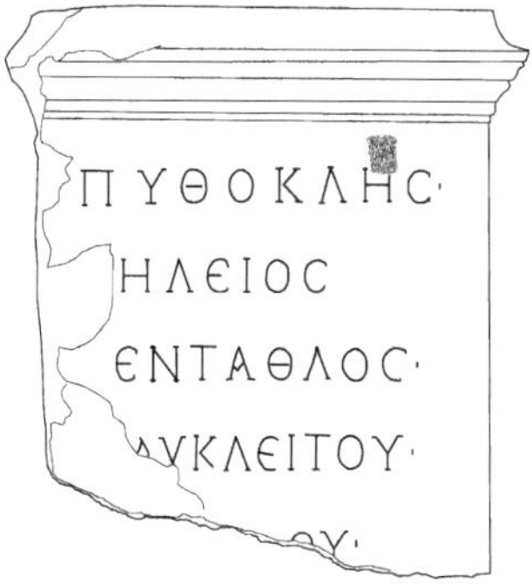

→ Πυθοκλῆς
→ Ἠλεῖος
→ [π]ένταθλος
→ [Πο]λυκλείτου
→ [Ἀργεί]ου.

→ *Pythokles*
→ *der Elier*
→ *Sieger im Fünfkampf*
→ *(Werk) des (Po)lykleitos*
→ *des (Arg)ivers.*

29 · Preisliste für Feinkeramik

Eingeritzt auf Fußunterseite eines Gefäßes (Pelike, Nikias-Maler, Athen) · Spätes 5. Jh. v. Chr. · Höhe Gefäß: 37,1 cm · Alphabet: Athen · Fundort: Neapel · Neapel, Nationalmuseum 151600

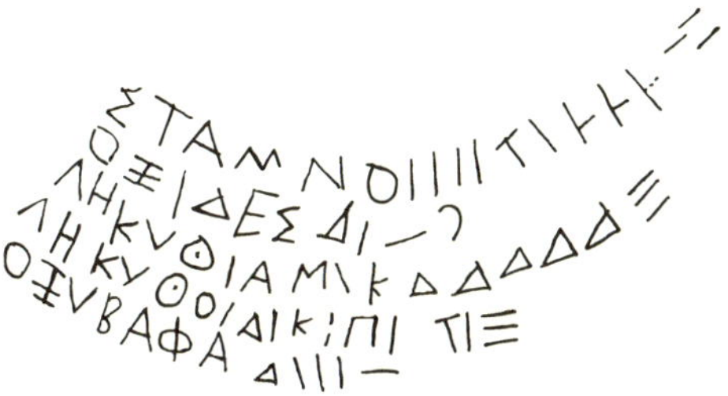

→ σταμνοὶ ||| τι[μὴ] ⊢ ⊢ ⊢ — =
→ ὀξίδες Δ I — Ↄ
→ ληκύθια μικ[ρὰ] Δ Δ Δ Δ Δ Ξ
→ λήκυθοι δικαια [zwei Striche] Π I τι[μὴ] Ξ
→ ὀξύβαφα Δ I I I —

Stamnoi 3 Preis 3 Drachmen (⊢ ⊢ ⊢) 3 Obolen (— =)
Oxides 11 (Δ I) 1 ½ Obolen (—Ↄ)
Lekythia kleine 50 (Δ Δ Δ Δ Δ) 3 Obolen (Ξ)
Lekythoi übliche 6 (Π I) Preis 3 Obolen (Ξ)
Oxybapha 13 (Δ I I I) 1 Obol (—).

Auf der Fußunterseite der aus Athen exportierten bemalten Feinkeramik finden sich immer wieder Lieferlisten, in denen das Gefäß selbst nicht genannt sein muss. Mit der Pelike (vgl. Nr. 20. 21) wurden drei große Weinmischgefäße (Stamnos), elf napfförmige Gefäße (Oxides), fünfzig kleine und sechs übliche Salbölgefäße (Lekythen) sowie 13 Oxybapha geliefert, deren Gestalt nicht bestimmbar ist. In der archäologischen Fachsprache werden antike Gefäßformen zum Teil sicher zutreffend benannt, zum Teil aber auch mit eingebürgerten ›Rufnamen‹ bezeichnet; wie etwa die Salbölgefäße der Tataie (Nr. 4) und des Pyrfias (Nr. 5) zeigen, konnte dieselbe Gefäßform (heute: *Aryballos*, bei Pyrfias *Olpa*, bei Tataie *Lekythos*) in verschiedenen Regionen der griechischen Welt unterschiedlich benannt werden. Wichtiger sind indessen die Preisangaben, die freilich nur auf dem Wege der Umrechnung in den Lebensbedarf aussagekräftig werden: In Athen erhielt man zur Ermöglichung der Teilnahme an politischen Aufgaben einen Tagessatz von höchstens drei Obolen (sechs Obolen = 1 Drachme). Ein Stamnos beispielsweise kostete 1 Drachme 1 Obol, also 7 Obole oder etwas über dem Grundeinkommen für zwei Tage, 16 kleine Lekythen hingegen ein Tageseinkommen.

Die Kultur des Jenseits

30 · Großmutter und Enkelkind

Inschrift auf Grabrelief · Um 410 v. Chr. · Höhe Stele: 1,20 m · Fundort: Athen, Kerameikos, Nekropole · Athen, Kerameikosmuseum P 695

→ Ἀμφαρέτη

Ampharete

→ τέκνον ἐμῆς θυγατρὸς τόδ᾿ ἔχω φίλον, ὅμπερ ὅτε αὐγὰς / : ὄμμασιν ἠ
→ ελίο ζῶντες ἐδερκόμεθα / ἔχον ἐμοῖς γόνασιν καὶ νῦν φθιμένον φθιμένη ᾿χω.

Das Kind meiner Tochter, das halte ich, das liebe, grad wie als die Strahlen der Sonne
mit Augen lebend wir schauten | ich's auf meinen Knien hielt, und nun das tote als Tote halt' ich.

Die Grabreliefs des klassischen Athens weisen eine ganz eigene Bildersprache auf, in der die Verstorbenen wie im Leben erscheinen. Selten jedoch wird durch Darstellung und Epigramm eine so konkrete Situation wie die der Ampharete vermittelt, die mit ihrem Enkelkind im Tod vereint ist; das dabei betonte Sehen der Strahlen der Sonne wurde als Metapher für das Leben seit den frühgriechischen Epen häufig verwendet. Die auf dem typischen Stuhl der Klassik mit geschwungenen Beinen und Lehne (Klismos) sitzende Ampharete ist in einer eleganten Pose gezeigt und umfasst mit ihrer Linken das Enkelkind, das eine Hand zu ihr erhebt; in der Rechten hält sie einen kleinen Vogel – ein beliebtes Spieltier – oder eine Vogelfigur. Wie in Athen üblich, war das Grabrelief der Ampharete in einem Grabbezirk der Familie aufgestellt, der sich im Gebiet des Kerameikos (nördlich der Agora) an der »Heiligen Straße« nach Eleusis befand, einer der wichtigsten Ausfallstraßen Athens; mit solchen Grabbezirken erinnerte die Familie an ihre Toten und schuf zugleich einen Ort der Selbstrepräsentation.

31 · Ein phönizischer Seefahrer

Inschriften auf Grabstele · 2. Hälfte 4. Jh. v. Chr. · Höhe Stele: 1,38 m · Alphabet: Phönizisch und Griechisch · Hexameter und Pentameter (Vers 3) · Fundort: Athen, Kerameikos, Nekropole · Athen, Nationalmuseum 1488

→ Ἀντίπατρος Ἀφροδισίου Ἀσκαλ[ωνίτης]
→ Δομσαλως Δομανω Σιδώνιος ἀνέθηκε.

Antipatros (Sohn) des Aphrodisios, aus Askal[on]
Domsalos (Sohn) des Domano, aus Sidon hat (das Grabmal) aufgestellt.

(Phönizisch): Ich bin Sem, Sohn des Abdestartes, aus Askalon. (Das ist es), was ich aufstellte, Domsalos, (Sohn) des Domano, aus Sidon.

→ μηθεὶς ἀνθρώπων θαυμαζέτω εἰκόνα τήνδε
→ ὡς περὶ μέν με λέων περὶ δὲγ πρῷιρ' ἰγκτετάνυσται
→ ἦλθε γὰρ ε{ὶ}χθρολέων τἀμὰ θέλων σποράσαι
→ ἀλλὰ φίλοι τ' ἤμυναν καί μου κτέρισαν τάφον οὔτηι
→ οὓς ἔθελον φιλέων ἱερᾶς ἀπὸ νηὸς ἰόντες
→ Φοινίκην δ' ἔλιπον τεῖδε χθονὶ σῶμα κέκρυνμαι.

Keiner der Menschen soll sich wundern über dies Bild,
dass mich zum einen ein Löwe, zum anderen eine Prora umspannt.
Es kam nämlich ein Feindseliglöwe, der meinen Körper zerreißen wollte.
Aber die Freunde wehrten ihn ab und mir legten sie an dieses Grab,
Die ich wollte von Herzen, als vom heiligen Schiff sie kamen.
Phönizien verließ ich, in diesem Land ist mein Körper begraben.

Wie bei anderen Grabstelen für Phönizier in Athen findet sich auch bei der Stele des Antipatros neben einem griechischen ein phönizischer Text. Doch auf keiner anderen Grabstele der Klassik wird man ein Epigramm finden, das wie hier eine Beschreibung der Reliefdarstellung gibt. Das Bildgeschehen ist aber auch höchst ungewöhnlich: Auf einer vierbeinigen Liege (Kline) liegt der Leichnam, was der üblichen Sitte des Aufbahrens (Prothesis) folgt. Doch wie im Epigramm beschrieben, beugen sich zudem von beiden Seiten ein Löwe und ein Mischwesen aus Schiffsvorderteil (Prora) und menschlichen Beinen über den Toten – ein Streit um den Leichnam. Dabei ist eindeutig, dass das Schiffswesen für die Freunde des Seefahrers steht, die den Toten geborgen haben, umstritten allerdings, ob der Löwe einen wirklichen Löwen meint, der über Antipatros herfällt oder ob das Tier als eine Verkörperung von Unheil zu verstehen ist. Das Bild wird also in der Inschrift zwar beschrieben, jedoch nicht wirklich erklärt.

Weihgeschenke

32 · Zwiegespräch mit einer Weihung

Inschrift auf Statuenbasis · Um 480/70 v. Chr. · Maße: 62 × 21,5 cm · Alphabet: Ionisch · Distichon · Fundort: Halikarnassos (Bodrum)

→ αὐδὴ τεχνήεσσα λίθο λέγε τίς τόδ᾽ ἄ[γαλμα] /
→ στῆσεν Ἀπόλλωνος βωμὸν ἐπαιγλαί[σας] /
→ Παναμύης υἱὸς Κασβώλλιος εἴ μὲ ρ… /
→ ἐξειπεν δεκάτην τήνδ᾽ ἀνέθηκε θε[ῶι].

O Stimme, kunstvolle, des Steins, sag' wer dieses Standbild
Aufgestellt hat und so des Apollon Altar glanzvoll geschmückt?
Panamyes, der Sohn des Kasbollis, wenn Du mich (ermunterst)
es zu verkünden, aus dem Zehnten hat er's geweiht dem Gott.

Auf der Basis einer verlorenen Bronzestatue ist eine der frühesten Inschriften aus Halikarnassos erhalten. Halikarnassos gehörte zu einem Bund von sechs Städten (Dorische Hexapolis), die von dorischen Städten gegründet worden waren, aber dennoch den ionischen Dialekt und das ionische Alphabet verwendeten. Die Weihinschrift des Panamyes, der zeitweise für das Grundbuch der Stadt verantwortlich war, ist eines der ältesten Beispiele für einen imaginären Dialog des Betrachters mit dem Weihgeschenk, das ihm auf Nachfrage den Namen des Weihenden und die häufig genannte Finanzierung durch den Zehnten (vgl. Nr. 16) mitteilt; die Ergänzung von Vers 2 ist dabei umstritten, in ihrem Sinn jedoch klar. Mit dem Kunstgriff des Dialogs wird der Leser in eine aktive Beziehung zur Weihung gesetzt, was mit der bloßen Angabe der Tatsachen so nicht möglich wäre; zudem wird durch die »kunstvolle Stimme« auf die alte Vorstellung des lebendigen Kunstwerks verwiesen (vgl. Nr. 60), wie es schon in den Epen beschrieben wird: Auch die vom göttlichen Künstler Hephaistos geschaffenen goldenen Mädchen können sprechen (*Ilias* 18, Vers 417 ff.).

33 · Ein Diener der Aphrodite

Inschrift auf Stein (Serpentin) · 2. Hälfte 5. Jh. v. Chr. · Maße: 67 × 16 × 21 cm · Alphabet: Ionisch · Distichon · Fundort: Antibes (?) · Antibes, Musée du Bastion MNE 952

→ Τέρπων εἰμὶ θεᾶς θεράπων
→ σεμνῆς Ἀφροδίτης /
→ τοῖς δὲ καταστήσασι Κύπρις
→ χάριν ἀνταποδοίη.

Terpon bin ich, der Göttin Diener,
der ehrwürdigen Aphrodite.
Denen aber, die (mich) geweiht haben, möge Kypris
anmutsvolle Gunst erwidern.

Der länglich-ovale Stein aus Serpentin bezeichnet sich selbst als Terpon, Diener der Aphrodite, und gehört damit zu den ›Heiligen Steinen‹, denen vor allem in Kulten von Göttinnen immer wieder eine bedeutende Rolle zukommt. »Terpon« ist abgesehen von dieser Inschrift nur als Name von Menschen und Satyrn bezeugt, so dass dieser erotische »Diener der Aphrodite« vielleicht nur im antiken Antipolis (Antibes) verehrt wurde; die Fundangabe ist allerdings nicht unumstritten. Ähnlich wie beim »Mantiklos-Apollon« (Nr. 16) erhoffen jedenfalls auch diese Weihenden eine – nun erotisch ausgerichtete – Gegengabe von der angesprochenen Gottheit. Die Weihinschrift für Aphrodite ist die bedeutendste griechische Inschrift, die mit dem wie Marseille (Massalia) oder Nizza (Nikaia) im frühen 6. Jahrhundert v. Chr. von Phokaia aus gegründeten Antipolis verbunden wird, wo heute noch Reste der griechischen Hafenmauern zu sehen sind.

34 · Frauensieg in Olympia

Inschrift auf Rundbasis aus schwarzem Kalkstein · Frühes 4. Jh. v. Chr. · Höhe Basis: 34 cm · Hexameter und Pentameter (Vers 4) · Fundort: Olympia · Olympia, Altes Museum Λ 529

Oberseite der Basis (Die historische Zeichnung soll einen Eindruck der Schrift vermitteln, enthält aber in der letzten Zeile Fehler).

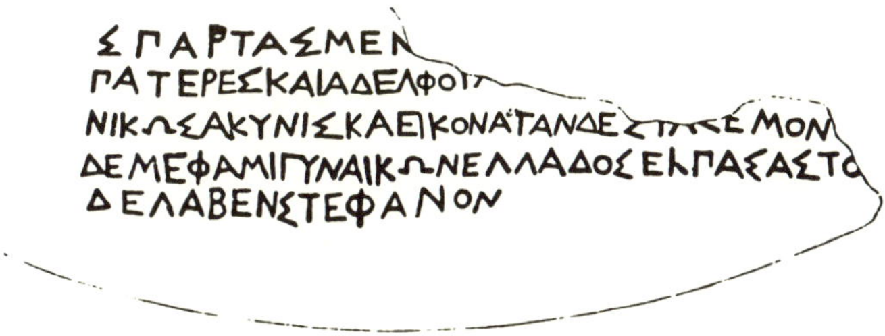

Die Ergänzungen des Textes folgen der Überlieferung des Epigramms in der *Anthologia Graeca*, Buch 13, Gedicht 16:

→ Σπάρτας μὲν [βασιλῆες ἐμοὶ]
→ πατέρες καὶ ἀδελφοί / ἅ[ρμα⟨τ⟩ι δ᾽ ὠκυπόδων ἵππων]
→ νικῶσα Κυνίσκα / εἰκόνα τάνδ᾽ ἔστασε μόν[αν]
→ δ᾽ ἐμέ φαμι γυναικῶν / Ἑλλάδος ἐκ πάσας τό[ν]
→ δε λαβεν στέφανον.

Spartas aber (Könige sind mir)
Väter und Brüder. Im Wagen mit schnellfüßigen Pferden
siegend hat Kyniska dieses Standbild errichtet. Als einzige
aber, sage ich, unter den Frauen von ganz Hellas
hat sie errungen den Kranz.

ΑΓΕΛΛΕΑΣΚΑΛΛΙΚΛΕΟΣΕΓΟΗΣΕ

Vorderseite der Basis:

→ Ἀπελλέας Καλλικλέος ἐποήσε

Apelleas (Sohn) des Kallikles hat (es) gemacht.

Im Unterschied zu allen anderen Sportarten der Antike galt im Wagenrennen nicht einer der Teilnehmer, sondern der Besitzer des erfolgreichen Gespanns als Sieger. Diese Besonderheit ermöglichte einer Frau den Sieg bei den panhellenischen Spielen in Olympia: Der aufsehenerregende Erfolg der Kyniska, Tochter des spartanischen Königs Archidamos II. (reg. 476–427 v. Chr.), Halbschwester des Königs Agis (reg. 427/6–399 v. Chr.) und Schwester des Königs Agesilaos II. (399–360/59 v. Chr.), wird in der antiken Literatur mehrfach erwähnt; in der *Anthologia Graeca*, einer byzantinischen Sammlung griechischer Lyrik, ist zudem mit einigen wenigen Variationen dasselbe Epigramm wie auf der Kalksteinbasis in Olympia erhalten. Die Basis in Olympia wird aber auch in der *Beschreibung Griechenlands* des Pausanias (2. Jahrhundert n. Chr.) angeführt: »Was die Tochter des Archidamos, Kyniska, ihre Abstammung und ihre Siege in Olympia betrifft, so habe ich das schon früher in meinen Ausführungen zu den Königen von Sparta erläutert. Es ist aber in Olympia bei der Statue des Troilos eine steinerne Basis, ein Wagen mit Pferden, ein Wagenlenker und das Bildnis von Kyniska selbst aufgestellt, eine Arbeit des Apellas, beschrieben mit Epigrammen, die auf Kyniska gehen«. Pausanias erwähnt noch eine zweite Weihung der Kyniska im vorderen Raum (Pronaos) des Zeustempels von Olympia: »Bronzene Pferde der Kyniska, als Zeichen des Sieges in Olympia«; mit dieser Weihung wird eine kleinformatige Marmorbasis (100 × 42 × 42 cm) in Verbindung gebracht, auf der sich Reste einer Signatur des Apelleas erhalten haben: »[Ape]lleas (Sohn) des Kallikles | hat (es) gemacht«; von dem Bildhauer ist sonst nur ein weiteres Werk überliefert. Der Sieg mit dem Viergespann gehörte zu den herausgehobenen Erfolgen im griechischen Sportgeschehen, zumal das Halten von Pferden auf den Reichtum der Besitzer verweist. Wie das Beispiel der Kyniska zeigt, kam Frauen in Sparta dabei eine ganz andere Stellung zu als etwa in Athen.

35 · Musisches Siegesmonument

Inschrift auf Architrav · 335/4 v. Chr. · Gesamthöhe 10,11 m · Athen, Tripoden-Straße (südöstlich Akropolis)

Zeichnung: Ausschnitt des Oberbaus mit Inschrift und Friesen

→ Λυσικράτης Λυσιθείδου Κικυννεὺς ἐχορήγει.
→ Ἀκαμαντὶς παίδων ἐνίκα. Θέων ηὔλει.
→ Λυσιάδης Ἀθηναῖος ἐδίδασκε. Εὐαίνετος ἦρχε.

Lysikrates (Sohn) des Lysitheides, aus (dem Demos) Kikkynneus, war Chorege.
(Die Phyle) Akamantis siegte mit dem Knabenchor. Theon spielte den Aulos.
Lysiades aus Athen war Regisseur. Euainetos war Archon.

Im Unterschied zu den meisten heutigen Staaten bezahlte ein Bürger Athens keine Steuern, die nur von den Metöken, den zugewanderten Einwohnern der Stadt ohne Bürgerrecht, erhoben wurden. Jedoch mussten reiche Bürger Sonderabgaben (»Leiturgie«) leisten, mit denen militärische (z. B. ein Kriegsschiff) wie kulturelle Belange finanziert wurden. Dazu zählt auch die Übernahme der Kosten für Theateraufführungen und wie im Falle des Lysikrates – über den sonst nichts bekannt ist – Chorvorführungen: Hier mussten die Kosten für den Regisseur (Didaskalos), die Chorsänger, den Musiker – Theon, der wie üblich den Diaulos spielt, eine Art Oboe – sowie die Bekleidung des Chores getragen werden. Chöre traten in Athen bei verschiedenen Wettbewerben gegeneinander an, die an religiösen Festen für Athena (Panathenäen), Apollon (Thargelien) oder Dionysos (Dionysien) stattfanden. Der Ausstatter des Chorwettbewerbs (Chorege) erhielt dann auch den Siegespreis, einen bronzenen Dreifuß, für dessen öffentliche Aufstellung wie hier aufwendige Bauwerke errichtet werden konnten. Das bis ins 19. Jahrhundert in ein Kapuzinerkloster verbaute und so weitgehend erhaltene Monument eines Lysikrates ist durch die Nennung des Archon datiert, des wie üblich für ein Jahr gewählten Euainetos, der für kultische Belange zuständig war und nach dem das Jahr dann auch benannt wurde. Auf dem Dach des Monuments war der Dreifuß als Siegespreis aufgestellt, wie ihn auch ein umlaufender Fries zeigt. Hinzu kommt ein figürlicher Fries mit der Überwindung der Seeräuber durch Dionysos, die den nicht als Gott erkannten vornehmen jungen Mann entführen und so Lösegeld erpressen wollten; Dionysos verwandelte sie zur Strafe in Delphine. Möglicherweise war dieser Mythos auch der Inhalt des Vortrags des Chores, der dann an einem Dionysosfest gesiegt haben dürfte. In der Nähe des Lysikrates-Monuments wurden Reste weiterer Denkmäler dieser Art entdeckt: Pausanias überliefert in der *Beschreibung Griechenlands* (2. Jahrhundert n. Chr.) denn auch, dass die Straße nach den dort aufgestellten Dreifüßen »Tripodes« genannt wurde.

Text im Bild

36 · Wein, Musik und Erotik

Aufgemalt auf Trinkschale des Antiphon-Malers (Athen) · Um 490/80 v. Chr. · Durchmesser Schale ca. 31,6 cm · Fragmente Erlangen, Universität 454 / Göttingen, Universität K 695

Das Innenbild einer Trinkschale zeigt einen unbärtigen Mann mit kurzem Haar, der bis auf einen um die Schultern gelegten kurzen Mantel nackt ist und hinter dem der lange Stock steht, den athenische Bürger üblicherweise mit sich führen. In der Linken hält der junge Mann eine Leier mit kleinem Schallbecken und langen Klangarmen, das beim Trinkgelage verwendete Barbiton, in der Rechten eine Trinkschale wie jene, die der Antiphon-Maler bemalt hat; der im frühen 5. Jahrhundert v. Chr. tätige Vasenmaler, von dem etwa 100 Werke bekannt sind, war auf diese Gefäßform spezialisiert. Benannt ist er nach der Inschrift *Antiphon kalos*, »Antiphon ist wundervoll«: Die sogenannten Kalos-Inschriften, die nur in Athen bekannt sind und zwischen etwa 530 und 460 v. Chr. am häufigsten auftreten, preisen als vorbildhaft empfundene und als erotisch reizvoll angesehene junge Männer. Auf der Trinkschale hier hat sich der Maler hinter der Figur mit einem in der Vasenmalerei Athens sehr häufigen anonymen Lobpreis begnügt – und das mag auf den Barbitonträger selbst zielen:

↓→ ho [π]αῖς |καλὸς

Der junge Mann ist wundervoll.

Der junge Mann mit Trinkschale und Barbiton hat den Kopf zurückgenommen, ist also wie auf anderen Vasenbildern als singend gedacht, und schildert seinen rauschhaften Zustand:

↑→ εἶμι κο[μά]ζον ὑπ᾽ αὐ[ῶν]

Ich ziehe berauscht umher, unter Flötenklängen.

Gedacht ist dabei an den Komos, das Umherziehen einer weinseligen Gruppe mit Musikbegleitung nach dem gemeinsamen Trinkgelage (Symposion), der ein sehr häufiges Thema auf attischen Vasenbildern ist (vgl. Nr. 13). Ähnliche Formulierungen finden sich aber bereits in der frühgriechischen Lyrik.

37 · Herr und Hund

Rotfigurige Amphora (Athen) · Frühes 5. Jh. v. Chr. · Fundort: Vulci (Toskana) · Aufbewahrungsort unbekannt

← Μελιταῖε.

Malteser!

Von der heute verlorenen Amphora ist nur eine zeichnerische Wiedergabe des 19. Jahrhunderts erhalten, mit der auch die Inschrift dokumentiert wird: Ein junger Athener, der in seinen Mantel (Himation) gehüllt ist und in der Rechten einen Stock hält, ruft das neben ihm stehende Malteserhündchen. Die antike Bezeichnung »Melitaios« – die in der Bildkunst nur hier bezeugt ist – verweist wie der moderne Name des Hundes auf die Insel Malta; die kleinen Hunde galten als freundliche Begleiter und Spielgefährten.

Lebenswelten

38 · Die Sieben Weisen in Afghanistan

Inschrift auf Basis für Stele · Um 300 v. Chr. · Basis 65,5 × 28 × 46,5 cm · Distichon · Fundort: Ai Khanoum · Kabul, Nationalmuseum MK 05.42.13. MK 05.42.190

Basis links:

→ ἀνδρῶν τοι σοφὰ ταῦτα παλαιοτέρων ἀνάκει[τα]ι
→ ῥήματα ἀριγνώτων Πυθοῖ ἐν ἠγαθέαι
→ ἔνθεν ταῦτ[α] Κλέαρχος ἐπιφραδέως ἀναγράψας
→ εἵσατο τηλαυγῆ Κινέου ἐν τεμένει.

Der Männer fürwahr diese weisen, der älteren, sind aufgestellt,
die Aussprüche der berühmten, in Pytho, dem heiligen:
Von dort hat sie Klearchos, nachdem er sie sorgfältig aufgeschrieben hat,
gebracht weithin sichtbar in des Kineas Heiligtum.

Basis rechts in Zeilenentsprechung:

→ παῖς ὢν κόσμιος γίνου
→ ἡβῶν ἐγκρατής
→ μέσος δίκαιος
→ πρεσβύτης εὔβουλος
→ τελευτῶν ἄλυπος.

Als Kind sei sittsam:
Als Heranwachsender selbstbeherrscht:
Als Mann mittlerer Jahre gerecht.

Als Greis gut für richtige Ratschläge:
Am Rand des Todes ohne Leid verursacht zu haben.

Sammlungen von Weisheitssprüchen, die auf die sogenannten Sieben Weisen (die »älteren Männer«) zurückgeführt wurden – Philosophen, auch Staatsmänner des 7. und 6. Jahrhunderts v. Chr. – sind in der Antike in unterschiedlicher Zuordnung zusammengestellt worden (vgl. Nr. 57). Eine entsprechende Inschrift hat ein Klearchos in Delphi gesehen, kopiert und dann in seiner Heimat in Stein meißeln lassen – damit ist sein Monument auch ein Beispiel für die Beachtung und Weiterverbreitung von Inschriften; da Klearchos die Weisheitssprüche abgeschrieben hat (oder abschreiben ließ?), war der Text anscheinend nicht einfach zu bekommen. Die Basis mit den erhaltenen Inschriften trug eine fast vollständig verlorene Stele mit der Sammlung von Weisheitssprüchen, von denen sich vor allem noch → φιλόσοφ[ος γίνου] (»Philosoph werde«) ergänzen lässt. Der Stifter Klearchos wurde häufig mit dem Philosophen Klearchos von Soloi (um 342 – um 250 v. Chr.) gleichgesetzt, doch ist der Name auch sonst bezeugt. Ansonsten unbekannt ist hingegen Kineas, in dessen Heiligtum die Stele stand; dass es sich dabei um den Gründerheros der Stadt handelt, bleibt Vermutung. Sicher ist also nur, dass ein Klearchos mit erheblichem persönlichem Einsatz die berühmten griechischen Weisheitslehren auch in das antike Baktrien bringen wollte.

39 · Ein Immobilienverkauf

Bleitäfelchen · Um 300 v. Chr. · 13,8 × 9 cm · Fundort: Kamarina (Sizilien), Haus 34, 17 · Ragusa, Museum 4470

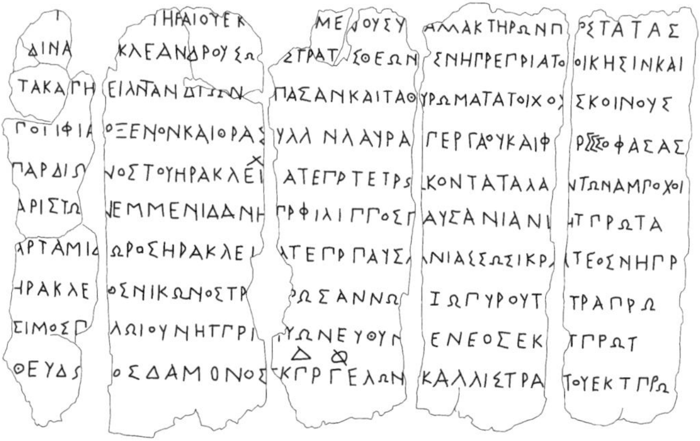

→ … Ἡραίου ἕκ[ται ἱστα]μένου. συ[ν]αλλακτήρων π[ρ]οστάτας
→ Δίνα[ρχος] Κλεάνδρου. Σω[σί]στρατ[ο]ς Θέων[ο]ς νηπρ
ἐπρίατο οἴκησιν καὶ
→ τὰ[ν] καπη[λ]έιαν τὰν Δίων[ος] πᾶσαν καὶ τὰ θυρώματα
τοίχους κοινοὺς
→ ποτὶ Φιλόξενον καὶ Θράσυλλ⟨ο⟩ν λαύρα [ὑ]πὲρ Γάου καὶ
Φ[ε]ρ{σσ}οφάσας

X

→ πὰρ Δίωνος τοῦ Ἡρακλεί[δ]α τεπρ τετρώκοντα ταλάντων.
Ἄμποχοι
→ Ἀρίστων Ἐμμενίδα νηπρ, Φίλιππος Παυσανία νητπρώτα,
→ Ἀρταμίδωρος Ἡρακλεί[δ]α τεπρ, Παυσανίας Σωσικράτεως
νηπρ,
→ Ἡράκλε[ι]ος Νίκωνος τρ[π]ρω, Σάννω[ν] Ζωπύρου τ[ε]τραπρω,

→ Σίμος Γ[ε]λώιου νητπρ, Μύων Εὐθυμένεος ἐκτπρωτ.
→ Δ[αμόσιοι] Φ[ραδατῆρες]
→ Θεύδω[ρ]ος Δάμονος ἐκπρ, Γέλων Καλλιστράτου ἐκτπρω.

Im Monat Heraios sechster Tag: Unter den Versammelten (hatte den) Vorsitz
Dina[rchos] (Sohn des) Kleandros. So[si]stratos (Sohn des) Theon, letzte (Phratrie) erste (Abteilung), kaufte das Haus und
den Laden von Dion, alles und auch die Türrahmen, gemeinsame Mauern
mit Philoxenos und Thrasyll[o]s, die Gegend bei (den Heiligtümern) des Gaos und der Persephone,
X
von Dion (Sohn) des Heraklei[d]as, vierte Phratrie erste (Abteilung), für 40 Talente. Zeugen:
Ariston (Sohn des) Emmenidas, letzte (Phratrie) erste (Abteilung), Philippos (Sohn des) Pausanias, letzte (Phratrie) erste (Abteilung),
Artamidoros (Sohn des) Heraklei[d]as, vierte Phratrie, Pausanias (Sohn des) Sosikrates, letzte (Phratrie) erste (Abteilung),
Herakle[i]os (Sohn des) Nikon, dritte (Phratrie) erste (Abteilung), Sann[o]n (Sohn des) Zopyros, vierte (Phratrie) erste (Abteilung),
Simos (Sohn des) G[e]loios, letzte (Phratrie) erste (Abteilung), Myon (Sohn des) Euthymenes, sechste (Phratrie) erste (Abteilung),
Notare
Theudo[r]os Sohn des Damon, sechste (Phratrie) erste (Abteilung), Gelon (Sohn des) Kallistratos, sechste (Phratrie) erste (Abteilung).

Die Stadt Kamarina wurde 461/60 v. Chr. mit einem regelmäßigen Stadtplan konzipiert, von einer Neugründung im 4. Jahrhundert v. Chr. ist ein rechtwinkliges Straßensystem mit gleich großen Flächen von 34,50 × 135 Metern für die Bebauung bekannt. Aus dem Kaufvertrag eines Hauses ist zu ersehen, dass Häuser auch kleine Geschäfte enthalten konnten, für die man sich wie in anderen antiken Städten einen Raum mit einer Tür nach außen vorstellen kann (vgl. Nr. 53). Sosistratos hat beides an Dion verkauft, wobei auch noch die Türrahmen genannt werden, während die Türen selbst anscheinend vom Verkäufer mitgenommen wurden. Der Kaufvertrag entspricht nicht nur damit Formulierungen wie sie auch von anderen Verträgen dieser Art bekannt sind.

40 · Der Schutz des Herakles

Eingeritzt auf Rückseite eines Gorgoneions aus Ton · Frühes 3. Jh. v. Chr. · Fundort: Gela (Sizilien)

→ Ἡρακλῆς ἔν
→ θα κατοικεῖ
→ μησί[το] μη
→ θὲν κακὸν

Herakles ist hier
zuhause,
nichts komme herein nichts
Schlechtes.

Das Gorgoneion, der von Perseus abgeschlagene Kopf der Gorgo Medusa – dessen Blick im Mythos versteinernd wirkte – war seit archaischer Zeit ein beliebtes Motiv, das vor allem auch als Attribut der Athena begegnet. Ob bei seiner Anbringung an Gefäßen oder Geräten aus Ton wie Bronze, aber auch an Goldschmuck stets an einen magischen Zusammenhang gedacht war, ist freilich eher unwahrscheinlich. Und auch hier ist das Gorgoneion ja nur Träger einer übelabwehrenden Inschrift, die sich aber nicht an die Gorgo, sondern an Herakles richtet; dieser wurde als *Alexikakos* (Übelabwehrer) in der gesamten griechischen Welt verehrt und sollte wohl ein Gebäude schützen; die zwei Löcher konnten dabei zum Aufhängen der Tonscheibe genutzt werden. Gefunden wurde das Gorgoneion allerdings zusammen mit Keramik und Terrakotten ohne jeden architektonischen Zusammenhang. Entsprechende Schutzinschriften wurden in verschiedensten Orten von Italien bis Kleinasien gefunden und noch in christlicher Fassung ganz übereinstimmend formuliert:

Χριστὸς ἐνθάδε κατοικεῖ. Μηδὲν εἰσίτω κακόν.

Christus ist hier zuhause. Nichts möge hereinkommen an Übel.

41 · Stelldichein auf dem Friedhof

Aufgemalt im Eingangsbereich von Grab I, Marissa (Tell Sandaḥanna, Israel) · Hellenistisch · Länge erste Zeile: ca. 56 cm

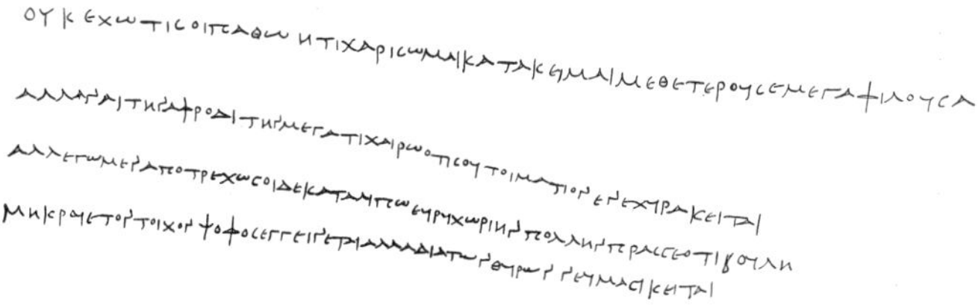

Frau:
→ οὐκ ἔχω τί σοι πάθω ἢ τί χαρίσωμαι / κατάκειμαι μεθ' ἑτέρου σὲ μέγα φιλοῦσα.
→ ἀλλὰ ναὶ τὴν Ἀφροδίτην μέγα τι χαίρω / ὅτι σου τὸ ἱμάτιον ἐνέχυρα κεῖται.
Mann:
→ ἀλλ' ἐγὼ μὲν ἀποτρέχω σοὶ δὲ καταλίπω / εὐρυχωρίην πολλήν. πρᾶσσε ὅτι βούλῃ.
Frau:
→ μὴ κροῦε τὸν τοῖχον ψόφος ἐγγείνεται / ἀλλὰ διὰ τῶν θυρῶν νεύμασι κεῖται.

(Frau:)
Nicht fass' ichs, was ich um Dich leide oder mit was ich Dich erfreuen werde. Ich liege bei einem anderen, so sehr ich Dich liebe.
Doch fürwahr, bei Aphrodite, mächtig freue ich mich, dass Dein Gewand als Pfand daliegt.
(Mann:)
Doch auch wenn ich gehe, lass' ich Dir viel geräumigen Platz zurück. Mach was Du willst.

(Frau:)
Klopf nicht an die Wand, Lärm macht's, sondern durch die Türöffnung ein Nicken, das gilt.

Als befände man sich in einer der so oft von Liebespaaren und den überwindbaren Hindernissen des Schicksals handelnden Komödien Menanders (342/1–293/2 v. Chr.), entfaltet die Inschrift von Marissa eine amouröse Handlung: Ein Paar hat sich zu einem Stelldichein auf dem Friedhof der Stadt verabredet, wo sich geräumige Grabbauten befinden: Grab I, in dessen Eingangsbereich sich der Graffito findet, misst etwa 20 × 17 Meter und enthält neben dem Vorraum und vier größeren Zugangsräumen 38 Grablegen; Friedhöfe als Ort eines Rendezvous begegnen auch in der literarischen Überlieferung. Der verhinderte Liebhaber scheint ein Gewand als Unterlage bereitgelegt zu haben, doch kam zum Leidwesen beider ein anderer dazwischen, der nicht abgewiesen werden kann. Dass die Inschrift ein wirkliches Geschehen festhält, dürfte dabei weniger wahrscheinlich sein als dass es sich um eine passende Dichtung in freien Versen am Ort libidinösen Geschehens handelt – Farbe dürfte ja auch kaum zur üblichen Ausstattung für ein Rendezvous gehören.

42 · Trau, schau, wem

Inschrift auf Steinquader · 2. Jh. v. Chr. · Maße: 1,25 × 0,25 m · Fundort: Priene (Kleinasiatische Küste) · Aufbewahrungsort unbekannt

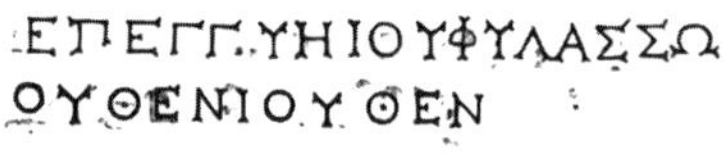

→ ἐπ᾽ ἐγγύηι οὐ φυλάσσω
→ οὐθενὶ οὐθέν.

Für eine Bürgschaft bewache ich nicht
Nichts nichts.

Der Stein war bereits bei seiner Entdeckung umgedreht in ein Gebäude verbaut. Ursprünglich befand sich die Inschrift wohl vor der Örtlichkeit eines Geldverleihers, für den ausschließlich bleibende Werte als Unterpfand in Frage kamen.

43 · Das Orakel und die Eifersucht

Eingeritzt in Bleitäfelchen · 2. Jh. v. Chr. · Fundort: Dodona (Nordgriechenland) · Aufbewahrungsort unbekannt

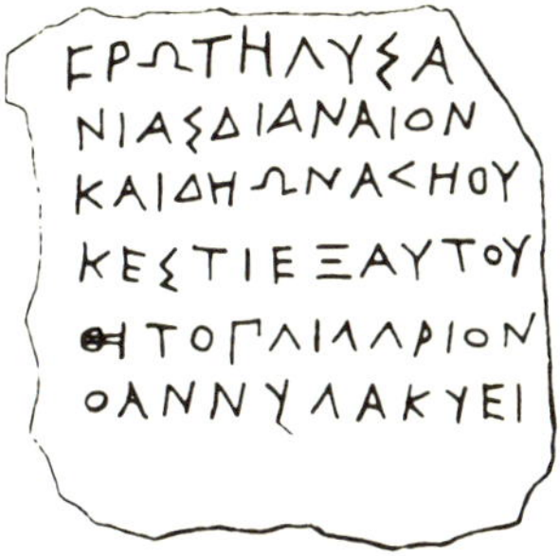

→ ἐρωτῇ Λυσα
→ νίας Δία Νάιον
→ καὶ Δηώνα[ν] ἦ οὐ
→ κ ἔστι ἐξ αὐτοῦ
→ τὸ παιδάριον
→ ὃ Ἀννύλα κύει.

Es fragt an Lysanias
bei Zeus Naios
und Dione, ob es nicht
ist von ihm,
das Kindchen,
mit dem Annyla schwanger ist.

Orakelstätten in Heiligtümern wie Delphi oder Olympia waren in der gesamten Antike von großer Bedeutung und wurden von Herrschern wie Staaten, aber auch wegen privater Anliegen aufgesucht und befragt. Im Unterschied zu den großen panhellenischen Heiligtümern ist die architektonische Ausgestaltung des Zeusheiligtums von Dodona in Epirus stets bescheiden geblieben: Das Heiligtum entwickelte sich seit dem 2. Jahrtausend v. Chr. um einen sakralen Baum, aus dessen Blätterrauschen die Orakel des Zeus erschlossen wurden. Auf altertümliche Züge weisen dabei die Verehrung von Zeus und Dione – statt Hera – und die Kultvorschriften für die Priester (Selloi oder Helloi), die sich etwa die Füße nicht waschen durften, was ihre Verbindung mit der Erde zum Ausdruck bringt. An Zeus und Dione richtet sich auch die wie häufig in Dodona auf ein Bleitäfelchen geschriebene Anfrage des Lysanias, die seine Verwunderung über die Schwangerschaft der Ehefrau zum Ausdruck bringt; der daneben skizzierte Phallos lässt den inhaltlichen Zusammenhang zusätzlich deutlich werden. Für Ehebruch waren im antiken Griechenland heftige und ehrabschneidende Strafen vorgesehen – nicht zuletzt, da illegitime Kinder die Rechte der ehelich geborener Nachkommen beeinträchtigten. Die Anfrage bleibt unter den etwa 170 Orakelanfragen in Dodona vom 6. bis zum 2. Jahrhundert v. Chr. gleichwohl singulär.

44 · **Graffiti, Graffiti, Graffiti**

Eingeritzt auf Steinmauer des Gymnasions von Priene (Kleinasiatische Küste) · 1. Jh. v. Chr. – 1. Jh. n. Chr. · Höhe Mauerblöcke mit Inschriften: ca. 2 m

In dem prächtig ausgestatteten Gymnasium von Priene, in dem die männliche Bevölkerung sportlicher Betätigung nachging, sind über 700 Inschriften erhalten, mit denen sich eifrige Besucher verewigten. Neben individuellen Inschriften findet sich dabei eine immer wiederkehrende einheitliche Formulierung, die umrandet oder mit einer sogenannten *tabula ansata* (rechteckige Umrahmung mit parallelogrammhaften Seitenteilen) eingefasst sein kann: Ο ΤΟΠΟΣ (»Platz«) und Genitiv des Namens, mitunter auch noch der Vatersname. Es ist davon auszugehen, dass vor allem die heranwachsenden jungen Männer (Epheben), die das Gymnasium hauptsächlich nutzten, so gleichsam ihre »claims« absteckten; doch nennen sich etwa auf dem unteren Block auch Demetrios, der Sohn des Lykos, und Lykos, der Sohn des Demetrios, also wohl Vater und Sohn, der wie häufig den Namen des Großvaters trägt. Das Gymnasium war neben dem sportlichen Aspekt auch ein Ort für Treffen und

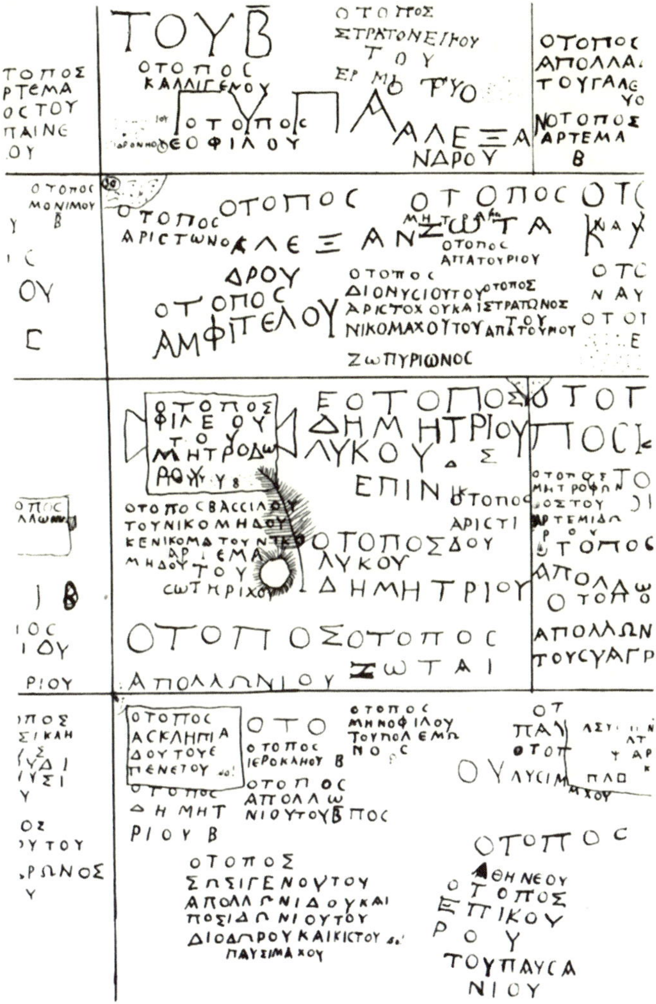
ΤΟΥ Β
Ο ΤΟΠΟΣ ΣΤΡΑΤΟΝΕΙΚΟΥ ΤΟΥ
Ο ΤΟΠΟΣ ΚΑΛΛΙΓΕΝΟΥ
Ο ΤΟΠΟΣ ΑΠΟΛΛΑ
ΑΛΕΞΑΝΔΡΟΥ
ΝΟ ΤΟΠΟΣ ΑΡΤΕΜΑ Β
Ο ΤΟΠΟΣ ΜΟΝΙΜΟΥ Β
Ο ΤΟΠΟΣ ΑΡΙΣΤΩΝΟΣ
Ο ΤΟΠΟΣ ΑΛΕΞΑΝΔΡΟΥ
Ο ΤΟΠΟΣ ΑΠΑΤΟΥΡΙΟΥ
Ο ΤΟΠΟΣ ΑΜΦΙΤΕΛΟΥ
Ο ΤΟΠΟΣ ΔΙΟΝΥΣΙΟΥ ΤΟΥ
ΖΩΠΥΡΙΩΝΟΣ
Ο ΤΟΠΟΣ ΦΙΛΕΟΥ ΤΟΥ ΜΗΤΡΟΔΩΡΟΥ
Ο ΤΟΠΟΣ ΔΗΜΗΤΡΙΟΥ ΛΥΚΟΥ
Ο ΤΟΠΟΣ ΛΥΚΟΥ ΔΗΜΗΤΡΙΟΥ
Ο ΤΟΠΟΣ ΑΠΟΛΛΩΝΙΟΥ
Ο ΤΟΠΟΣ ΖΩΤΑΙ
ΑΠΟΛΛΩΝ ΤΟΥΣ ΑΓΡ
Ο ΤΟΠΟΣ ΑΣΚΛΗΠΙΑΔΟΥ ΤΟΥ ΕΠΕΝΕΤΟΥ
Ο ΤΟΠΟΣ ΙΕΡΟΚΛΗΟΥ Β
Ο ΤΟΠΟΣ ΑΠΟΛΛΩΝΙΟΥ ΤΟΥ Β
Ο ΤΟΠΟΣ ΜΗΝΟΦΙΛΟΥ
ΔΗΜΗΤΡΙΟΥ Β
Ο ΤΟΠΟΣ
Ο ΤΟΠΟΣ ΑΘΗΝΕΟΥ
Ο ΤΟΠΟΣ ΕΠΙΚΟΥΡΟΥ ΤΟΥ ΠΑΥΣΑΝΙΟΥ
ΠΑΥΣΙΜΑΧΟΥ

Gespräche und galt als eine der typischen Einrichtungen der griechischen Kultur: So wurden etwa die griechischen Bewohner von Aï Khanoum (vgl. Nr. 38) »die vom Gymnasion« genannt. Doch konnte man sich hier offensichtlich auch in der Entwicklung sozialer Spielregeln üben. Wie zu erwarten sein wird, sind die Graffiti ganz unterschiedlich ausgeführt – etwa auch mit Schreibfehlern – und ähneln darin den figürlichen Graffiti der Antike, die je nach Urheber andeutende Kritzeleien wie kleine Kunstwerke umfassen.

Kunst und Handwerk

45 · Ein Gott für die Bürger

Inschrift auf Basis einer Herme · 3. Jh. v. Chr. · Höhe Tisch: 64 cm · Hexameter · Fundort: Magnesia am Mäander · Berlin, Antikensammlung 1936

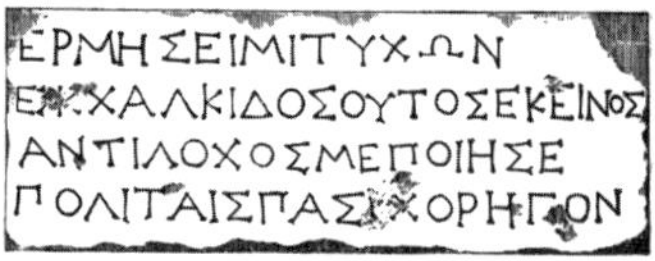

→ Ἑρμῆς εἰμι Τύχων
→ ἐκ Χαλκίδος οὗτος ἐκεῖνος /
→ Ἀντιλοχός μ' ἐποίησε
→ πολίταις πᾶσι χορηγόν

Hermes Tychon bin ich.
Aus Chalkis jener berühmte
Antilochos hat mich gemacht,
den Bürgern allen als Chorege.

Wie bei einer solchen Herausstellung der eigenen Berühmtheit kaum anders zu erwarten, ist der Bildhauer Antilochos von Chalkis ansonsten völlig unbekannt. Für Magnesia hat er einen als Basis für einen Dreifuss dienenden Marmortisch verfertigt, dessen drei Beine wie üblich in Löwentatzen enden; das Marmorwerk wurde in einem Gebäude unweit des Theaters gefunden. An einer Seite des Tisches ist eine Hüftherme wiedergegeben: Der Oberkörper ein junger Mann mit Gewand, ab der Hüfte ein Pfeiler; aufgrund des Botenstabes (Kerykeion) am Pfeiler ist dabei sicher Hermes gemeint. Der Gott mit dem Beinamen Tychon (etwa: »Glücksbringer«) soll den Bürgern der Stadt Wohlergehen und Reichtum bringen, was mit dem Begriff für den Ausstatter eines Chores zum Ausdruck (vgl. Nr. 35) gebracht wird; der Ausdruck mag damit zusammenhängen, dass der Tisch ursprünglich zur Ausstattung des Theaters gehörte.

46 · Ein antikes Trompe l'œil

Mosaik · Um 200/150 v. Chr. · Gesamtfläche 6,30 × 6,30 m · Fundort: Pergamon, Palast V · Berlin, Antikensammlung Mos.70

(vereinfachte Zeichnung)

→ Ἡφαιστίων ἐποίει.

Hephaistion hat (es) gemacht.

Auf dem bereits im späten 4. Jahrhundert v. Chr. als Festung ausgebauten Burgberg von Pergamon wurden im 3. und 2. Jahrhundert v. Chr. ausgedehnte Palastanlagen für die Herrscherfamilie der Attaliden errichtet, zu deren reicher Ausstattung Malereien, Skulpturen und Mosaiken, aber auch Kunstsammlungen und die mit Alexandria berühmteste Bibliothek der Antike gehörten. Das Mosaik des Hephaistion stammt aus einem Raum des 2400 m^2 umfassenden sogenannten Palastes V, der als repräsentativer und reich ausgestatteter Wohnsitz der Herrscherfamilie diente. Die zentrale Partie des Mosaiks ist weitgehend verloren, erhalten sind aber die prachtvollen Bordüren mit Girlanden, Früchten, Blumen oder auch Grashüpfern und spielenden Eroten sowie im Zentrum die Signatur des Hephaistion, die mit *poiein* (machen) einer üblichen Formulierung folgt (vgl. Nr. 12 f. 28). Doch hat der Mosaizist ein raffiniertes Trompe l'œil gestaltet: Die Signatur scheint auf einen hellen Papyruszettel geschrieben, der an den Ecken mit Wachs auf dem Mosaik befestigt worden ist – eine freilich hat sich bereits gelöst und steht vom Boden ab.

Die Kultur des Jenseits

47 · Ein Weg zur Unsterblichkeit

Inschrift auf Goldblättchen · 4. Jh. v. Chr. · Länge 4,5 cm · Fundort: Petelia (Unteritalien) · London, British Museum 1843,0724.3

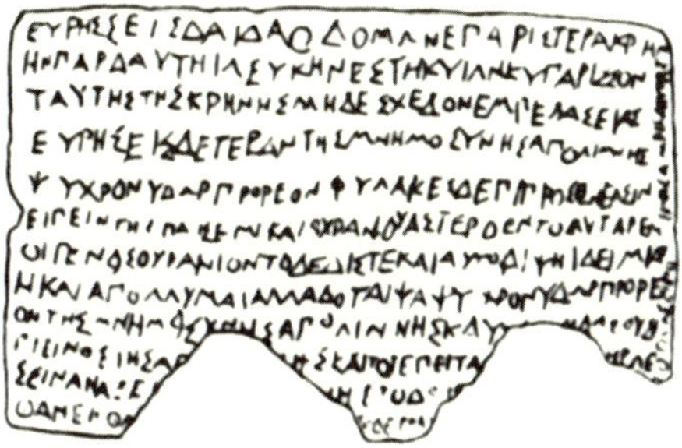

→ εὑρή{σ}σεις δ' Ἀΐδαο δόμων ἐπ' ἀριστερὰ κρήν
→ ην παρ' δ' αὐτῆι λευκὴν ἑστηκυῖαν κυπάρισσον.
→ ταύτης τῆς κρήνης μηδὲ σχεδὸν ἐμπελάσειας.
→ εὑρήσεις δ' ἑτέραν τῆς Μνημοσύνης ἀπὸ λίμνης
→ ψυχρὸν ὕδωρ προρέον. φύλακες δ' ἐπίπροσθεν ἔασιν.
→ εἰπεῖν 'Γῆς παῖς εἰμι καὶ Οὐρανοῦ ἀστερόεντο[ς]. αὐτὰρ ἐμ
→ οὶ γένος οὐράνιον. τόδε δ' ἴστε καὶ αὐτοί. δίψηι δ' εἰμ‹ι› αὖ
→ η καὶ ἀπόλλυμαι. ἀλλὰ δότ' αἶψα ψυχρὸν ὕδωρ προρέ
→ ον τῆς Μνημοσύνης ἀπὸ λίμνης'. καὐ[τοί] σ[ο]ι δώσουσι
→ πιεῖν θείης ἀπ[ὸ κρήν]ης καὶ τότ' ἔπειτ' ἄ[λλοισι μεθ'] ἡρώε
→ σσιν ἀνάξει[ς]. – – – ιης τόδε
→ θανεῖσθ[αι] – – – – – – – – – τόδ' ἔγραψ
↑→ τὸ γλως εἶπα σκότος ἀμφικαλύψας.

Du wirst finden aber in des Hades Häusern zur Linken eine Quelle, neben der aber steht eine weiße Zypresse.

An diese Quelle tritt nicht nahe heran.
Du wirst finden aber einen anderen (Wasserlauf), aus der Erinnerung See
mit kaltem Wasser hervorsprudelnd. Wächter aber sind davor.
Zu sprechen: »Der Erde Kind bin ich und des Himmels, des gestirnten. Aber ich bin
himmlischer Abstammung. Das wisset auch ihr. Durst aber verspüre ich, Dürre
und gehe zugrunde. Aber gebt rasch vom kalten Wasser,
hervorsprudelnd aus der Erinnerung See.« Und diese werden Dir gewähren
zu trinken von der göttlichen Quelle,
und danach wirst dann Du mit anderen Heroen
herrschen. – – – (?) dieses – – – – – – – – – – – – – –
sterben – – – – – – – – – dies schrieb[en?] – – – –
↑→ ? – – – – – – – – Dunkelheit ringsumverhüllende.

Unweit von Kroton in Kalabrien wurde im 19. Jahrhundert das erste Zeugnis einer inzwischen in zahlreichen Fassungen vorliegenden Textgattung gefunden, die auf Goldblättchen geschrieben mit ins Grab gegeben wurde. Die Texte beschreiben den Weg in die Unterwelt und geben den Verstorbenen Hinweise, wie sie sich verhalten und welche Antworten sie auf offensichtlich vorbestimmte Fragen geben sollen. Sie sind damit Zeugnisse von Mysterienkulten, in denen Traditionen zusammenkommen, die auf den Gott Dionysos, den mythischen Sänger Orpheus und den in Unteritalien wirkenden Philosophen Pythagoras (2. Hälfte 6. – frühes 5. Jh. v. Chr.) zurückgeführt wurden; dieser dürfte heute eher im Zusammenhang der Mathematik bekannt sein, doch enthielt seine Lehre eine religiöse Dimension, die die Lebensführung wie die Erwartungen für das Jenseits betraf. Das in diesem Text gezeichnete Bild der Unterwelt mit Bäumen und See steht dabei nicht alleine, sondern entsprechende Vorstellungen finden sich ebenso in Darstellungen der antiken

Kunst wie etwa in der 405 v. Chr. aufgeführten Komödie *Die Frösche* des Aristophanes, in der die Reise des Dionysos in den Hades geschildert wird. Die Vorstellung der Jenseitsreise und der Befragung des Toten hat aber auch Entsprechungen im Alten Orient.

48 · Der Dichter im Honig

Inschrift auf Kalksteinsarkophag · 1. Jh. v. Chr. · Sarkophag 1,60 × 1,90 × 1,20 m · Distichon · Fundort: Telmessos (Lykien)

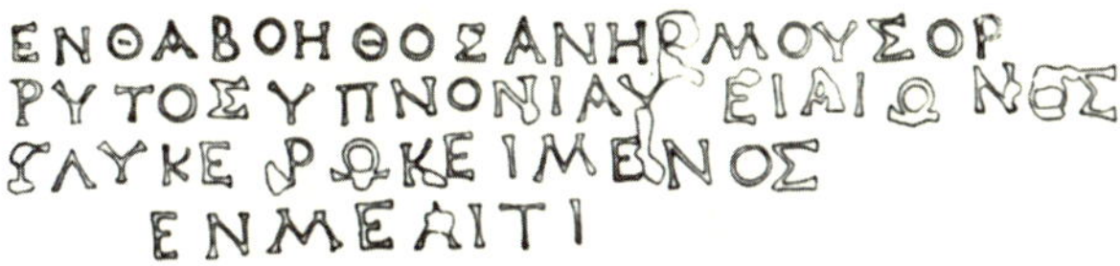

→ ἔνθα Βόηθος ἀνὴρ μουσόρ
→ ρυτος ὕπνον ἰαύει / αἰῶνος
→ γλυκερῷ κείμενος
→ ἐν μέλιτι.

Hier ruht Boethos, ein Mann musendurchströmt,
im Schlaf der Ewigkeit,
im süßen liegend
im Honig.

Das Wirken der Dichter wurde seit dem frühgriechischen Epos auf die Musen zurückgeführt (vgl. Nr. 26). Boethos wurde ebenfalls von ihnen inspiriert, der Verstorbene soll nun aber ungewöhnlicherweise in Honig liegen; als Erklärung hat man darauf verwiesen, dass ein oder mehrere Dichter desselben Namens als Parteigänger des luxusliebenden Antonius (82–30 v. Chr.) bekannt sind und den Befund so zu erklären versucht, doch ist die Zuordnung von Boethos offen. Auch liegt ein anderer Zusammenhang wohl näher, denn Honig wird häufig im Zusammenhang mit Dichtern und Dichtkunst genannt; erinnert sei hier vor allem an eine Erzählung über den berühmten Dichter Pindar (wohl 518–438 v. Chr.): »Als aber Pindar ein Knabe gewesen sei, wie Chamaileon [340–270 v. Chr.] und Istros [um 200 v. Chr.] berichten, habe er im Gebiet des Helikon jagend sich aus starker Müdigkeit zum Schlaf niedergelegt, dem Schlafenden aber habe sich eine Biene im Mund niedergelassen und Waben gebaut. Sie sagen aber, er habe geträumt, dass von Honig und Wachs sein Mund gefüllt sei, und sich der Dichtkunst zugewandt«; »Honig« wird aber auch als rühmende Bezeichnung für Werke der Dichtkunst verwendet.

Weihgeschenke

49 · Ein Glöckchen für die Götter

Gepunktete Inschrift auf Bronzeglöckchen · 3. Jh. v. Chr. · Höhe: 6,35 cm · Fundort: Theben, Kabirenheiligtum (Böotien) · London, British Museum 1893,1221.1

→ Πυρίας
→ Καβιρῶι
→ καὶ Παίδι.

Pyrias
dem Kabiren
und dem Pais.

Ungefähr vier Kilometer vom antiken Theben in Böotien entfernt befand sich die neben der Insel Samothrake in der Nordägäis wohl wichtigste Stätte des Kultes der Kabiren, die als Söhne des Hephaistos und der Kabiro galten und in Mysterienkulten verehrt wurden; in Theben fanden ein Kabiros und ein Pais Verehrung, für die zahlreiche Weihgeschenke bekannt sind. Über den seit dem 6. Jahrhundert v. Chr. durch Funde bezeugten Kult ist jedoch abgesehen von Angaben zu den Kultbeteiligten – einem *Kabiarchos* (ein oberster Priester) und einem *Paragogeis*, der in die Mysterien einführte – sowie zu einer Badezeremonie kaum etwas überliefert; ein Theater verweist auf musische Vorführungen. Das Kabirenheiligtum ist vor allem auch durch die zahlreichen Funde von Vasenbildern des 4. Jahrhunderts v. Chr. bekannt, die häufig Götter, mythische Helden und Menschen persiflieren, aber auch inschriftlich benannt den gelagerten KABIROS mit dem als Mundschenk tätigen PAIS zeigen. Das Bronzeglöckchen mag an die Spielsachen erinnern, die als Weihungen für den Pais üblich waren, doch wurden solche Glöckchen unterschiedlichen Gottheiten geweiht.

50 · Haaropfer an Poseidon

Inschrift auf Marmorrelief · 2. Jh. v. Chr. · Maße: 34,29 × 36,83 cm · Fundort: Theben (Thessalien) · London, British Museum 1839,0806.4

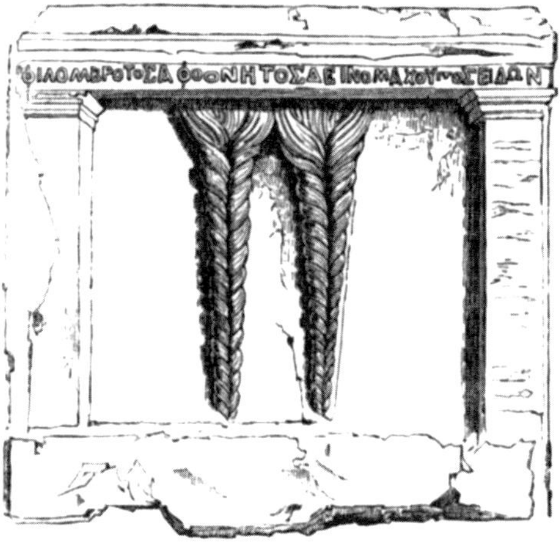

→ Φιλόμβροτος Ἀφθόνητος Δεινομάχου Ποσειδῶν[ι].

Philombrotos (und) Aphthonetos, (Söhne des) Deinomachos, an Poseidon.

Das Weihrelief der Brüder Philombrotos und Aphthonetos erinnert an ein gemeinsames Haaropfer für Poseidon und hält so die einmalige Opferhandlung dauerhaft fest. In der griechischen Kultur sind Haaropfer eine gängige Praxis, die vor allem mit dem

Übergang von der Kindheit zum Erwachsenenalter verbunden ist; jedoch konnte man sie auch zu einem späteren Zeitpunkt einer Gottheit darbringen. Besonders häufig nachgewiesen sind Haaropfer für Flussgottheiten, was auch die Verbindung zu Poseidon als Gott aller Gewässer herstellen mag. Andere Reliefs mit einer Haarweihung sind nicht bekannt, doch nennt Pausanias (2. Jahrhundert n. Chr.) in seiner *Beschreibung Griechenlands* (1, 37, 3) eine verwandte Darstellung und verweist auf die Tradition: »Statuen aber (stehen folgende) beim Fluss [Kephissos in Athen]: Eine der Mnesimache, das andere Weihgeschenk aber zeigt ihren Sohn, wie er sich für Kephissos das Haar abschneidet: Dieser Brauch besteht für die Kinder bei den Griechen schon seit alter Zeit, wie man an der Dichtung Homers aufzeigen kann, der Peleus schwören lässt, das Haar für den [nordgriechischen Flußgott] Spercheios zu scheren, wenn Achilleus sicher aus Troja heimkehrt« (vgl. Homer, *Ilias* 23. Gesang, Vers 141 ff.).

51 · Dreifuß des Apollon

Inschrift auf Marmordreifuß · 2. Jh. v. Chr. · Höhe: 0,84 m · Fundort: Chalkis (Euböa) · Chalkis, Museum 993

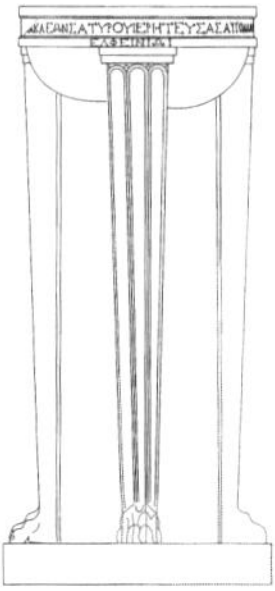

→ [Ἡρ]ακλέων Σατύρου ἱερητεύσας Ἀπόλλωνι
→ [Δ]ελφεινίωι.

[Her]akleon, (Sohn des) Satyros, nachdem er Priester gewesen ist, für Apollon Delphinios.

Seit dem 8. Jahrhundert v. Chr. zählen teils monumentale Dreifüße zu den eindrucksvollen Weihgeschenken griechischer Heiligtümer wie Olympia oder vor allem Delphi, wo Dreifüße nach dem Historiker Theopomp von Chios (geb. 378/7 v. Chr.) die typischen Weihungen schlechthin waren (vgl. Nr. 35). Dreifüße sind denn auch in besonderem Maße mit Apollon verbunden, der häufig auf einem Dreifuß sitzend dargestellt wird und dessen Priesterin in Delphi ihre Orakelsprüche auf einem Dreifuß verkündet. Und so hat auch ein Herakleon nach Vollendung seiner Priesterschaft – griechische Priesterämter waren in der Regel auf ein Jahr begrenzt – dem Gott einen Dreifuß gestiftet; Delphinios ist ein häufiger Beiname des Apollon, mit dem er insbesondere als Schutzgottheit der männlichen Jugend verehrt wurde.

Text im Bild

52 · Die *Iphigenie* des Euripides

Tonbecher mit Reliefs · Um 200 v. Chr. · Höhe: 8,3 cm. Durchmesser oben: 13,2 cm · Fundort: Anthedon (Böotien) · Berlin, Antikensammlung 3161q

Die Zeichnung zeigt die Abrollung des Figurenfrieses sowie das plastisch angegebene Blütenmotiv an der Unterseite des halbkugelförmigen Gefäßes.

Zu den höchst dramatischen Erzählungen der Krieges um Troja zählt die Opferung der Iphigenie, mit der die Götter versöhnt werden sollen, die durch das Ausbleiben des Windes die griechische Flotte im Hafen von Aulis an der Ostküste Böotiens zurückhalten; im griechischen Kulturbereich sind Menschenopfer zwar sehr selten, aber gerade auch im Zusammenhang mit Windgöttern bezeugt. Die Mythenerzählung wurde allerdings dadurch abgemildert, dass Iphigenie im Moment der Opferung durch ein Reh ersetzt und nach Tauris am Schwarzen Meer entrückt wird, wo sie Jahre später ihr Bruder Orestes wiedertreffen und mit nach Griechenland nehmen wird. Iphigenies Schicksal wurde in mehreren Tragödien behandelt, von denen die *Iphigenie in Aulis* des Euripides (um 480–405 v. Chr.) erhalten blieb; auch in ihr wurde die angebliche Hochzeit der Iphigenie mit Achilleus als Vorwand genutzt, um sie nach Aulis zu locken. Auf einem halbkugelförmigen Reliefbecher sind mehrere Szenen aus dieser Tragödie wiedergegeben und mit Beischriften erläutert. Von links beginnend sind ΚΛΥΤΑΙΜΗΣΤ | ΡΑ (Klytaimestra), ΑΓΑΜΕΜΝ | ΩΝ (Agamemnon) und ΙΦΙΓΕΝΕΙΑ (Iphigeneia) mit dem kleinen Orest zu sehen, es folgen der angebliche künftige Gatte ΑΧΙΛΛΕΥΣ (Achilleus), ΚΛΥΤ – Kopf der Figur – ΑΙΜΗ | ΣΤ – Kopf der Figur – ΡΑ und ΙΦΙΓΕΝΕΙΑ; in der nächsten Szene klärt ein Diener (ΓΡ..Σ..) [ΚΛΥ]ΤΑΙΜΗΣΤ | ΡΑ über den wahren Sachverhalt auf, dann folgen Szenen mit ΑΧΙΛΛΕΥΣ und ΚΛΥΤΑΙΜΗ | ΣΤΡΑ sowie ΟΡΕΣΤΗΣ (Orestes) und ΚΛΥΤΑΙΜΗΣΤ | ΡΑ. Den Abschluss bildet ΙΦΙΓΕΝΕΙΑ, die ihren auf einem Thron sitzenden Vater ΑΓΑΜΕΜΝΩΝ anfleht. Angegeben sind zudem neben der dritten Figur von rechts mit »ΕΥΡ« (Euripides) und »ΙΦΙ[ΓΕΝΕΙΑ]« auch Autor und Titel. Die Verwendung erläuternder Inschriften in figürlichen Szenen ist für diese Keramikgattung des Hellenismus sehr typisch, in deren Bildfriesen auch häufig Episoden des Epos aufgegriffen werden.

KAISERZEIT UND SPÄTANTIKE

Lebenswelten

53 · Bibliotheksvorschriften in Athen

Marmorplatte mit Inschrift · Um 100 n. Chr. · Platte 31 × 31,6 cm · Fundort: Athen, Agora · Athen, Agoramuseum I 2729

→ Βυβλίον οὔκ ἐξε
→ νεχθησέται ἐπεὶ
→ ὠμοσάμεν · ἀνυγη
→ σέται ἀπὸ Ὥρας πρω
→ τῆς μέχρὶ ἐκτῆς.

Ein Buch soll nicht herausgebracht
werden, sobald
wir den Eid geleistet haben. Geöffnet
von der ersten Stunde
bis zur sechsten.

Wie aus der Stifterinschrift auf dem Türsturz des etwa 20 × 30 Meter großen Gebäudekomplexes im Westen des antiken Marktplatzes von Athen (Agora; vgl. Nr. 3. 20) hervorgeht, wurde dieser um 100 n. Chr. von Titus Flavius Pantainos errichtet und der Stadtgöttin Athena, Kaiser Trajan (98–112 n. Chr.) sowie der Stadt geweiht. Erhalten sind eine Reihe rechteckiger Räume um einen großen Innenhof, die als Geschäfte dienten; darauf weisen die in jedem Raum zur Agora führenden Türöffnungen (vgl. Nr. 39). Die eigentlichen Bibliotheksräume sind zwar nicht bekannt, doch wurde eine Inschrift mit Bibliotheksvorschriften auf einer fragmentierten Marmorplatte gefunden, die die Öffnungszeiten nennen und mit dem Verbot des Mitnehmens von Büchern auf ein bekanntes Problem verweisen; unter »Buch« ist dabei eine Buchrolle aus Papyrus zu verstehen. Dass die Bibliothek dem regierenden Kaiser wie Stadtgöttin und Stadt gewidmet wird, ist in der Kaiserzeit üblich. Man mag aber auch daran erinnern, dass Trajan auf seinem von dem Architekten Apollodor von Damaskus errichteten Forum in Rom zwei Bibliotheken erbauen ließ, eine für griechische und eine für lateinische Texte.

54 · Lob des Gastgebers

Graffito auf Wandmalerei · 3. Jh. n. Chr. · Inschrift 16,5 × 12 cm · Fundort: Ephesos, Hanghaus 2

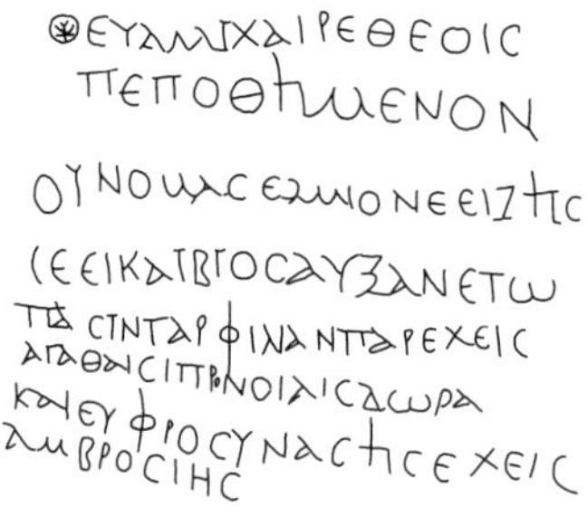

→ [Ornament] Εὐλάλι χαίρε θεοῖς
→ πεποθημένον
→ οὔνομα σεμνόν. / ἐεὶ ζῇς
→ σ[ὺ] ἐεὶ καὶ βίος αὐξανέτω. /
→ πᾶσιν γὰρ φιλίαν παρέχεις
→ ἀγαθαῖσι προνοίαις / δῶρα
→ καὶ εὐφροσύνας ἧς ἔχεις
→ ἀμβρόσιης.

[Ornament] Eulalios, sei gegrüßt, von den Göttern geliebter,
hehren Namens. Immerdar sollst Du leben,
immerdar auch Dein Vermögen sich mehren.
Allen nämlich Freundschaft gewährst Du
in wahrer Fürsorge, Geschenke
und Wonnefreuden von Deinem
Ambrosia.

Ephesos war seit archaischer Zeit eine der bedeutendsten Metropolen Kleinasiens, deren heutiges Erscheinungsbild vor allem durch die große Zahl öffentlicher wie privater Bauwerke aus römischer Zeit geprägt wird. Neben Gymnasien oder Tempeln entstehen dabei auch luxuriöse Stadthäuser, die im Süden der Stadt an einem Hang angelegt und daher modern als ›Hanghäuser‹ bezeichnet werden. Zu ihnen gehört üblicherweise auch der im Falle dieses Hanghauses 6,10 × 5,50 Meter große und mit einer Gartenlandschaft ausgemalte Hof. In die Wand sind zahlreiche Graffiti eingeritzt, darunter der Dank an Eulalios, in dem wohl ein spendabler Gastgeber zu sehen ist. Der Text folgt dabei einer alten Tradition: Schon in der *Odyssee* (20. Gesang, Vers 8) wird das gemeinsame Gastmahl mit Euphrosyne, dem Frohsinn, verbunden, den auch Eulalios seinen Gästen vermittelt.

55 · Gute Wünsche in Glas

Glasgefäß mit Inschrift · 4. Jh. n. Chr. · Höhe: 12,1 cm · Fundort: Köln-Braunsfeld, Friedhof eines römischen Gutshofs, Grab 5 · Köln, Römisch-Germanisches Museum 60,1

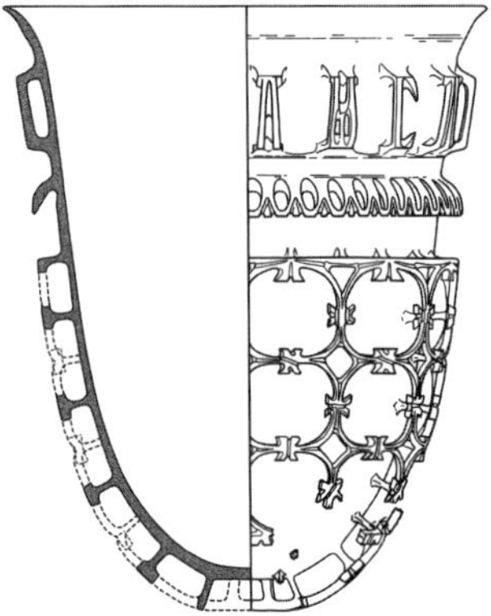

→ Πιέ Ζῆσαις καλῶς ἀεί.

Trinke! Du mögest leben wundervoll für immer.

Antike Gläser mit einer sich vom Glaskörper abhebenden, wohl ausgeschnittenen Verzierung (Diatretgläser) gehören zu den technologischen und ästhetischen Höchstleistungen antiker Handwerker; zur Verdeutlichung zeigt die Zeichnung den Glasbecher aus Köln zur Hälfte im Profilschnitt, rechts dann die Oberfläche mit dem filigranen Netzmuster und weiteren Ornamenten sowie der Inschrift unterhalb der Lippe. Inschriften auf spätantiken Glasbechern bieten häufig die Aufforderung etwas zu sich zu nehmen und gute Wünsche, ohne dass aber das höchst zerbrechliche Glas tatsächlich als Trinkgefäß zum Einsatz gekommen sein muss: Vielmehr wird es sich um Schaustücke handeln, die beim Bankett bestaunt werden konnten. Der kostbare Becher wurde in der Nähe eines römischen Gutshofs in Köln-Braunsfeld gefunden und stellt damit ein eindrucksvolles Zeugnis für das römische *savoir vivre* auch im Umfeld Kölns dar: Seit der 50 n. Chr. durch Kaiser Claudius (41–54 n. Chr.) anlässlich der Heirat mit der dort geborenen Agrippina (die Mutter Neros), erfolgten Einrichtung einer Veteranenkolonie war die »Colonia Claudia Ara Agrippinensium« zu einer der bedeutendsten Städte des Römischen Reiches geworden.

56 · Eine Merkliste

Eingeritzt auf Gefäßscherbe · Spätantik · Höhe: 5,1 cm · Fundort: Athen, Agora · Athen, Agoramuseum P 11763

→ κώνω[ν]
→ ψωμίω[ν]
→ ὀψαρέι(ου)
→ περσῆ ὀξύ(μαλα)
→ ναύλου
→ ὀψαρεί(ου)
→ ἰς οἶνον.

von Pinienzapfen
von Leckereien
von Fisch
persische Äpfel
Frachtgeld
von Fisch
für Wein

Die nicht umfangreiche, aber doch recht anspruchsvolle Liste umfasst Lebensmittel wie Obst, Fisch und auch Wein; bei den Pinienzapfen dürfte vor allem an deren Kerne zu denken sein, die persischen Äpfel meinen den Pfirsich. Doch war auch an Frachtkosten zu denken, die beglichen werden mussten. Andere ›Einkaufszettel‹ von der Athener Agora nennen etwa auch Inhaltsstoffe von Medizin oder verschiedene Weinsorten.

57 · Spruchweisheiten auf Silberlöffeln

Inschriften auf Silberlöffeln · 6. Jh. n. Chr. · Länge: ca. 26,5 cm · Hexameter (Sinnsprüche) · Fundort: Nahe Lampsakos (Troas) · London, British Museum AF 379. Paris, Musée du Louvre (Periandros)

Zusammen mit Goldschmuck sowie weiterem Silbergeschirr und -gerät wurden 1847 in einem Gewölbe bei Lampsakos zehn Silberlöffel gefunden, die mehrere Inschriften tragen: Auf der Scheibe zwischen Löffelstiel und -höhlung wird der Besitzer, ein Bischof Andreas, in Form einer Buchstabenkombination genannt; in der Löffelhöhlung sowie auf dem Stielansatz oben findet sich entweder im Hexameter ein Sinnspruch eines der Sieben Weisen (vgl. Nr. 38) mit Nennung des Urhebers oder ein lateinischer Vers; auf dem Stielansatz seitlich liest man eine weitere Inschrift, die das berühmte Zitat erweitert oder auch ins Komische zieht. Hier wurden fünf Löffel mit Maximen der Sieben Weisen ausgewählt.

1) Löffelhöhlung: → Χείλων δ᾽ ἐν κοιλῇ Λακεδαίμονι
Stielansatz oben: Γνῶθι σεαυτόν.
Stielansatz seitlich: κ[αὶ] προτρέπου συνεχῶς.

Löffelhöhlung: *Chilon aber im im Tale liegenden Lakedaimon*
Stielansatz oben: *»Erkenne Dich selbst«*
Stielansatz seitlich: *und mache darauf aufmerksam ohne Unterlaß.*

Chilon soll im 6. Jahrhundert v. Chr. in Sparta gelebt haben; bei der Ortsangabe wird ein Vers der *Odyssee* (4. Gesang, Vers 1) zitiert. Die Chilon zugeschriebene Maxime stand auch am Apollontempel von Delphi und wurde etwa von Sokrates (um 470–399 v. Chr.) aufgegriffen; unter den Sieben Weisen wurde sie auch Thales zugeschrieben.

2) Löffelhöhlung: → ὃς δὲ Κόρινθον ἔναιε θυμοῦ κρατέ
Stielansatz oben: ειν Περίανδρος
Stielansatz seitlich: ὅταν μισῖ σε ἡ φίλη σου.

Löffelhöhlung: *Der aber Korinth bewohnte: »Den Zorn beherr*
Fortsetzung Stielansatz oben: *sche!« Periander*
Stielansatz seitlich: *wenn Dich ärgert Deine Freundin.*

Periander (627/6–587/6 v. Chr.) war Alleinherrscher von Korinth und einer der bekanntesten Vertreter der sogenannten Älteren Tyrannis.

3) Löffelhöhlung: → Πιττακὸς δ᾿ οὐδὲν ἄγαν ὃς ἔην γένος
Stielansatz oben: ἐκ Μιτυλήνης
Stielansatz seitlich: φιλῖν δὲ λυδόρους.

Löffelhöhlung: *Pittakos aber: »Nicht im Übermaß«, der gebürtig war*
Stielansatz oben: *aus Mitylene*
Stielansatz seitlich: *liebe aber die Schmäher.*

Pittakos von Lesbos (um 645–70 v. Chr.) beherrschte die Insel im späten 7. Jahrhundert v. Chr. Der Sinnspruch wird ansonsten meist Solon zugeschrieben.

4) Löffelhöhlung: → τέρμα δ᾽ ὁρᾶν βιότοιο Σόλων
Stielansatz oben: ἱεραῖς ἐν Ἀθήναις
Stielansatz seitlich: ὡς δῖ χρῆσθαι τῷ βίῳ.

Löffelhöhlung: *»Das Ziel aber nimm wahr des Lebens« Solon*
Stielansatz oben: *im heiligen Athen*
Stielansatz seitlich: *um so zu nützen das Leben.*

Solon (um 634 – nach 560 v. Chr.) führte in Athen eine Neuordnung des Staates durch, die unter anderem einen Schuldenerlass und eine am Einkommen orientierte politische Beteiligung der Bevölkerung vorsah. Üblicherweise wird ihm »Nichts im Übermaß« zugeordnet, doch ist die hier genannte Sentenz mit dem Inhalt eines seiner dichterischen Werke zu verbinden, in dem das Erreichen eines hohen Alters etwa auch dank des zunehmenden Wissens positiv beurteilt wird.

5) Löffelhöhlung: → τοὺς πλέονας κακιούς δὲ Βίας
Stielansatz oben: ἀπέφηνε Πριηνεύς
Stielansatz seitlich: τοὺς μισηδόνους.

Löffelhöhlung: *»Die meisten sind schlecht«, aber Bias*
Stielansatz oben: *sagt (es) aus Priene*
Stielansatz seitlich: *die Griesgrame.*

Bias (um 600 v. Chr.) aus Priene in Kleinasien war ein berühmter Redner, der sein Können auch als Gesandter der Stadt einsetzte.

Die Löffel des Bischofs Andreas belegen eindrucksvoll, wie antike Kulturtraditionen in einem christlichen Kontext tradiert werden, sind aber auch Zeugnisse für das geistreiche Scherzen beim gemeinsamen Mahl.

Kunst und Handwerk

58 · Trojas Untergang

Marmorrelief mit Inschriften · Frühes 1. Jh. n. Chr. · Relief: 25 × 30 cm · Fundort: Römische Villa bei Bovillae (Albaner Berge) · Rom, Kapitolinische Museen 316

Selten nur werden Bild und Text in solch enger und umfassender Weise wie bei den sogenannten *Tabulae Iliacae* der frühen Kaiserzeit vereint: Marmorne Tafeln, die mit Inschriften versehen Darstellungen berühmte Mythen zeigen, wobei wie in diesem Fall auch mehrere literarische Vorlagen genutzt werden können. Auf der ausgewählten Marmortafel wird eine lange Inschrift auf der Darstellung einer Inschriftenstele mit Bildern der Belagerung und Eroberung Trojas verbunden. Die Episoden der Trojasage werden dabei durch Ortsangaben und Namensbeischriften erklärt; so findet sich etwa auf dem obersten Bildstreifen links:

→
ἱερὸν Ἀπόλλωνος Σμινθέως – λοιμός – Κάλχας – Ἀγαμέμνων –
Ἀχιλλεύς – Ἀθηνᾶ
→ Χρύσης Νέστωρ

Heiligtum des Apollon (S)mintheus – Pest – Kalchas – Agamemnon –
Achilleus – Athena
Chryses Nestor

Dargestellt ist also das Geschehen im ersten Gesang der *Ilias*: Nachdem die Tochter des Apollonpriesters Chryses von den Griechen gefangen genommen wurde, bricht bei den Griechen eine Seuche aus; Agamemnon erklärt sich einverstanden Chryseis zurückgeben, wenn er dafür die schöne Briseis, die Ehrengabe des Achill, erhält. Dieser zieht daraufhin in der Ratsversammlung der Griechen das Schwert, um Agamemnon zu töten, wird aber von Athena zurückgehalten.

Unterhalb der Einnahme Trojas finden sich die Quellenangaben; für die Szene mit Chryses gilt dabei: → Ἰλιὰς | → κατὰ Ὅμηρον, also *Ilias* | *nach Homer*. Andere Teile der *Tabula Iliaca* folgen anderen Dichtern, die Zerstörung Trojas etwa Stesichoros: → Ἰλίου πέρσις | → κατὰ Στησίχορον, also *Die Einnahme von Ilion* |*nach Stesichoros*. Von Stesichoros (um 632–556 v. Chr.) ist neben dem Epos zur Zerstörung Trojas etwa auch ein Werk über den Raub der Rinderherde des Geryoneus durch Herakles bekannt. Und eine Szene aus der auf diesen Dichter zurückgeführten Erzählung war gerade für den römischen Betrachter von zentraler Bedeutung:

→ Ἀγχίσης
→ Ἀσκάνιος – Αἰνήας – Ἑρμῆς

Anchises
Askanios – Aineas – Hermes.

Vom Götterboten geleitet, entflieht Aineas der Zerstörung der Stadt und rettet dabei nicht nur seinen Vater und den Sohn, sondern auch das Kultbild der Athena in Troja – das Palladion –, um mit diesem nach Italien zu gelangen. Das Kultbild wurde in Rom im Hestia-Tempel auf dem Forum Romanum aufbewahrt und galt als eines der Heiltümer der Stadt, das deren Sicherheit gewährleistete. So wurde der Untergang Trojas zum Beginn des Aufstiegs von Rom.

59 · Kunstvolles Mosaik

Mosaik · 5./6. Jh. n.Chr. · Gesamtfläche 4,75 × 3 m · Fundort: Sheikh Zuweid (südlich Gaza) · Ismailia, Museum

Das aufwendige Mosaik schmückte einen rechteckigen Raum des von einem Nestor errichteten Gebäudes, dessen Bestimmung nicht bekannt ist. Auf dem Mosaik werden unterschiedlich große Felder mit Inschriften und figürlichen Szenen von einem Rahmen mit Flechtbändern umgeben. Die Beschreibung des Mosaiks setzt unten ein, was dem antiken Zugang durch eine von drei Türen des Raumes entspricht.

Ganz unten findet sich ein Gedicht in Hexametern, das von einer *tabula ansata* (rechteckige Umrahmung mit parallelogrammhaften Seitenteilen) eingefasst wird und von Darstellungen unterschiedlicher Vögel umgeben ist, wie sie auf spätantiken Mosaiken häufig vorkommen:

→ εἴ με φιλεῖς ὤνθρωπε χαίρων ἐπίβαινε μέλαθρων
→ ψυχὴν τερπόμενος τεχνήμασιν οἷσιν ποθ' ἡμῖν
→ πέπλον ἱμερόεντα Χαρίτων ἡ Κύπρις ὕφανεν
→ λεπταλέῃ ψηφῖδι χάριν δ' ἐνεθήκατο πολλήν.

ΝΑΟΙϹΝΕϹΤΟΡΑΤΟΝΦΙΛΟΚΑΛΟΝΚΤΙϹΤΗΝ
ΙΠΠΟΛΥΤΟϹ
ΚΥΝΑΓΟΙ
ΤΕΛΕΤΗ
ΕΡΩϹ
ϹΚΙΡΤΟϹ
ΗΡΑΚΛΗϹ
ΕΙΜΕΦΙΛΕΙϹΩΝΘΡΩΠΕΧΑΙΡΩΝΕΠΙΒΑΙΝΕΜΕΛΑΘΡΩΝ
ΨΥΧΗΝΤΕΡΠΟΜΕΝΟϹΤΕΧΝΗΜΑϹΙΝΟΙϹΙΝΠΟΘΗΜΙΝ
ΠΕΠΛΟΝΙΜΕΡΟΕΝΤΑΧΑΡΙΤΩΝΗΚΥΠΡΙϹΥΦΑΝΕΝ
ΛΕΠΤΑΛΕΗΨΗΦΙΔΙΧΑΡΙΝΔΕΝΕΘΗΚΑΤΟΠΟΛΛΗΝ

Wenn Du mir zugetan bist, o Mensch, mit Freude betritt das Gemach,
Im Geiste erfreut an den Künsten, mit denen einst bei uns
Den Peplos, den sehnsuchtserweckenden der Chariten, Kypris webte
Aus feinem Stein, Anmut aber legte sie hinein in reicher Fülle.

Dass die Liebesgöttin selbst als Mosaizistin vorgestellt wird, dürfte auf die generelle Thematik des Mosaiks einstimmen.
Das erste Bildfeld weist einen weinseligen Umzug (Thiasos) auf, der mit Göttern und Personifikationen reich gestaltet ist: Neben einem Weingefäß stützt sich ΗΡΑΚΛΗΣ (Herakles) betrunken auf einen Satyr, dann läuft ein kleiner Panther zu einem Weingefäß; weiter sind Pan sowie ein flötenspielender Satyr und eine Mänade zu sehen. Der Gott, in dessen Zeichen dieses weinselige Treiben steht, folgt im Bildregister darüber: ΔΙΟΝΥΣΟΣ (Dionysos), der Gott des Weins, sitzt auf einem von musizierenden Kentauren und Eroten (ΕΡΩΣ, Eros) begleiteten Wagen; ein Kentaur ist mit ΤΕΛΕΤΗ (Telete) benannt, »Weihe«, die Einweihung in die Mysterien des Dionysos. Vor dem dionysischen Gespann reitet ein alter Satyr, der einen Weinschlauch hält, auf einem Maultier, davor eilt der Satyr ΣΚΙΡΤΟΣ (Skirtos) auf eine in Rückansicht gezeigte Mänade zu. Das Bild schildert also den dionysischen Thiasos mit den üblichen Begleitern des Gottes wie Mänade, Pan, Satyr und Panther sowie mit Herakles, der seit archaischer Zeit mit Dionysos beim Gelage gezeigt werden kann.

Es folgt ein zweizeiliges Gedicht mit Hexameter und Pentametern:

→ δεῦρ᾽ ἴδε τὰς χάριτας χαίρων φίλε ἅστινας ἡμῖν / τέχνη ταῖς ψήφοις ἔμβαλε πηξαμένη /
→ τὸν Φθόνον ἐκ μέσσου καὶ ὄμματα βασκανίης / τῆς ἱλαρῆς τέχνης πολλάκις εὐξάμενος.

Hierher sieh, Dich an den Chariten erfreuend, mein Lieber, welche
uns die Kunst mit Steinen eingefügt hat, indem sie fest sie setzte,
Den Neid aus der Mitte und auch die Augen des Unheils aus der
heiteren Kunst vielmals wegwünschend.

Auch hier wird die Legen des Mosaiks zum Thema, doch an Stelle der Aphrodite ist nun die Kunst selbst getreten; eine Verbindung zum ersten Epigramm schaffen die jeweils vorkommenden Chariten, Göttinnen des Liebreizes und der Anmut. Mit ihnen sollen auch die Folgen unheilvoller Einflüsse wie des bösen Blicks abgehalten werden, einer seit dem Hellenismus bezeugten Vorstellung. Das Bildfeld darüber zeigt den Mythos von Hippolytos, dem Sohn des Theseus, in den sich seine Stiefmutter Phädra verliebt; nach seiner Verweigerung beschuldigt sie ihn bei ihrem Mann der Vergewaltigung, worauf Theseus ihn verflucht und Hippolytos umkommt. Gezeigt wird eine berühmte Episode der Geschichte, in der ΦΕΔΡΑ (Phedra) in einem mit Säulen, Giebel und Vorhängen angegebenen Palast sitzt und sorgenvoll zur nächsten Szene schaut: Hier überreicht auf Weisung des Liebesgottes ΕΡΩΣ (Eros) die Amme (ΤΡΟΦΟΣ, Trophos) dem als Jäger gekleideten ΙΠΠΟΛΥΤΟΣ (Hippolytos) den Liebesbrief der Phädra; Hippolytos wird von weiteren »Jägern« (ΚΥΝΑΓΟΙ, Kynagoi) und einem Jagdhund begleitet. Die Wiedergabe als Jäger ist für Hippolytos typisch, der sich ganz der jungfräulichen Artemis und der Jagd verschrieben hat. Die gezeigte Szene entspricht einer ikonographischen Tradition, die sich auch in der spätantiken Beschreibung eines wohl imaginären Gemäldes wiederfindet.

Und schließlich folgt die Nennung des Auftraggebers von Mosaik und Gebäude:

→ ναοῖς Νέστορα τὸν φιλόκαλον κτίστην.

Du mögest wohnen (bei) Nestor, den das Schöne liebenden Stifter.

Die Bedeutung des Wortes ναοῖς ist umstritten, doch blieb die bisherige Übersetzung »In die Tempel« (mit Statuen des Nestor?) unverständlich. Daher wird hier ein Wunsch an eine unbekannte Macht – eine Gottheit, Aphrodite? – angenommen, die das Gebäude des Nestor schützen möge.

Auf dem Mosaikfußboden wird ein eindrucksvolles Programm aus Bild und Text entwickelt: Nach der Nennung der Aphrodite als Urheberin der Mosaiken folgt das dionysisch-erotische Mosaik mit Herakles, dann die Beschwörung der Kunst und das Gebet gegen üble Einwirkungen; darauf schließt sich das thematisch passende Hippolytos-Mosaik mit dem üblen Schicksal desjenigen an, der sich Aphrodite verweigert, und schließlich die Nennung des Stifters Nestor.

Die Kultur des Jenseits

60 · Löwe als Grabwächter

Inschrift auf Grabstele · Kaiserzeit · Stele 48 × 46 cm · Distichon · Fundort: Sakkara · Kairo, Ägyptisches Museum Journ. Prov. 11/11/(19)32/1

→ στῆθι φίλον παρὰ τύμβον ὁδοιπόρε : τίς με κελεύει :
→ φρουρὸς ἐγώ σε λέων : αὐτὸς ὁ λαΐνεος :
→ αὐτός : φωνήεις πόθεν ἔπλεο : δαίμονος αὐδῆι
→ ἀνδρὸς ὑποχθονίου : τίς γὰρ ὅδ' ἐστὶν ἀνὴρ
→ ἀθανάθοισι θεοῖσι τετιμένος ὥστε δύνασθαι
→ καὶ φωνὴν τεύχειν ὧδε λίθωι βροτέην :
→ Ἡρᾶς Μεμφίτης οὗτος φίλε κύδιμος ἥρως,
→ ὁ σθεναρὸς πολλοῖς ἔξοχος εὐρυβίης,
→ γνώριμος ἐνδαπίοισι καὶ ἀνδράσι τηλεδαποῖσιν
→ εἵνεκ' εὐφροσύνης εἵνεκεν ἀγλαΐης ·
→ ὠκύμορος · τὸν ἔκλαυσε πόλις · τὸν ἔθαψαν ἑταῖροι ·

→ ἦ γὰρ ἔην πάτρης ἄνθος εὐστεφάνου :
→ δακρύω μὰ σέ δαῖμον ἐπεὶ κλύον ὅσσ᾽ ἀγορεύει
→ θὴρ ὅδε : Μὴ πηοῖς ὦ ξένε δακρυχέοις :
→ Ἔλθοι ἐς αἰῶνα κλυτὸν οὔνομα : Καὶ σὲ φυλάξει
→ δαίμων καὶ σώσει πάντα Τύχη βίοτον.

»Bleib stehen an dem mir teuren Grab, o Reisender!« »Wer befiehlt mir das?«
»Der Wächter ich, Dir, der Löwe.« »Der steinerne selbst?«
»Selbst.« »Woher bist Du mit Sprache begabt?« »Durch eines Dämons Stimme,
eines Mannes in der Unterwelt.« »Wer ist denn dieser Mann,
von unsterblichen Göttern ausgezeichnet, dass er vermag
eine Stimme zu erschaffen dem Stein, eine menschliche?«
»Heras von Memphis (ist) dieser, o Freund, der berühmte Heros,
der machtvolle, unter vielen herausragend, der weithin Gewaltige,
bekannt unter den einheimischen Menschen und den fernwohnenden,
wegen seiner Wohlgesinntheit, wegen seiner Anmut,
der früh Verstorbene, den beweinte die Stadt, den begruben die Freunde,
War er doch der Vaterstadt Blüte, der wohlbekränzten.«
»Ich weine für Dich, verehrter Verstorbener, nachdem ich alles vernommen, was gesagt
dieses Tier.« »Nicht um Angehörige, o Fremder, mögest Du weinen.«
»Es bleibe in Ewigkeit der berühmte Name.« »Und Dich mögen beschützen
der Daimon und retten Tyche, das ganze Leben.«

Ein sprechendes Monument in Inschriften ist schon früher bezeugt (Nr. 32), gleichwohl darf der steinerne Löwe in seinem Dialog mit dem Vorbeikommenden großes Erstaunen auslösen; bemerkenswert ist dabei die Angabe des Sprecherwechsels mit einem Zweipunkt. Wie das Tier auf Nachfrage selbst ausführt, habe ihn der Tote, ein Heras von Memphis, mit Sprache ausgestattet. Die Inschrift greift damit wohl einen bekannten Topos auf: Heras dürfte ein Bildhauer gewesen sein, der sein eigenes Grabmal geschaffen und so ›mit Stimme ausgestattet‹ hat wie dies Künstlern immer wieder zugeschrieben wird; vergleichbare Formulierungen finden sich auch in kaiserzeitlichen Texten zu anderen Skulpturen, in denen von lebendig wirkenden Werken, einem »Daimon« als deren Schöpfer sowie von der Stimme der Statue die Rede ist. Löwen als Grabwächter sind wie an Brunnenanlagen oder an Tempeln in der griechischen Kultur seit archaischer Zeit bezeugt.

61 · Ein Gemmenschneider in Sardeis

Inschrift auf Grabstele · 2. Jh. n. Chr. · Höhe Stele: 74 cm · Hexameter und Pentameter · Fundort: Philadelphia (Alaşehir, Lydien) · Ehemals Smyrna

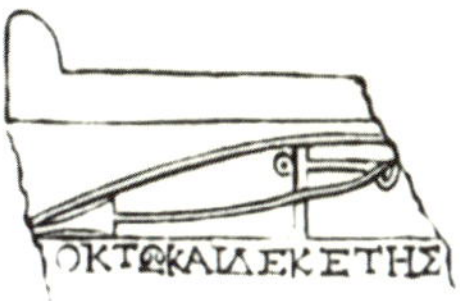

→ ὀκτωκαιδεκέτης
→ κεῖμαι φίλε τῶδ᾿ ἐ
→ νὶ τύμβωι / – Δῶρος
→ Σαρδιανὸς δακτυ
→ λοκοιλογλύφος /
→ Μαρίωνος λύδοι
→ ο πατρὸς μητρός
→ τε Λακαίνης /
→ σεμνὸν ἄτερ
→ Κύπριδος ζήσας
→ [β]ίον. ἀλλά με
→ γαῖα / κοῦρον
→ παρθ[ενι]κὸν …

Achtzehnjährig
liege ich, Freund, in diesem
Grab, Doros
aus Sardis, Siegelschneider,
Marions des Lyders
des Vaters (Sohn), der Mutter
Lakaina,
Hehr ohne
Kypris lebte ich
mein Leben: Aber mich (birgt)
die Erde als Jüngling,
jungfräulichen …

Der verstorbene Gemmenschneider Doros wird mit einer nur hier überlieferten Bezeichnung als *Daktylokoiloglyphos* (»Hohle Fingerringe-Schneidender«) bezeichnet. Und singulär ist auch die Darstellung des Arbeitsgerätes von Gemmen- und Ringschneidern im Giebelfeld, eines horizontal befestigten Fiedelbogen-Bohrers. Dass Doros »ohne Kypris« sein Leben verbracht habe, erinnert an dieselbe Vorstellung bei mythischen Vorbildern wie Hippolytos (vgl. Nr. 59) oder bei Athleten.

62 · Naturidylle am Grab

Inschrift in Grab · 2. Jh. n. Chr. · Block 1: 31,5 × 10, 9 cm. Block 2: 29,5 × 10,2 · Distichon · Fundort: Rom, nahe Porta Capena · Malereien: Paris, Musée du Louvre

→ Οὐ βάτοι οὐ τρίβολοι τὸν ἐμὸν [τ]άφον ἀμφὶς [ἔ]χουσιν
→ οὐδ᾽ ὀλολυγαία νυκτερὶς ἀμπ[έ]ταται
→ ἀλλὰ με πᾶν δένδρος χαρίεν περὶ ῥίσκον ἀνέρπει
→ κυκλόθεν εὐκάρποις κλωσὶν ἀγαλλόμενον

→ πωτᾶται δὲ πέριξ λιγυρὴ μινυρίστρια ἀηδών
→ καὶ τέττιξ γλυκεροῖς χείλεσι λειρὰ χέων
→ καὶ σοφὰ τραυλίζουσα χειλειδονὶς ἥ τε λιγύπνους
→ [ἀκρὶς ἀπὸ στήθους ἡδὺ χέουσα μέλος].

Keine dornigen Sträucher, keine stachligen Gewächse gibt es um mein Grab,
auch keine Fledermaus mit schrillem Geschrei umfliegt es,
sondern für mich wächst alles an erfreuenden Bäumen um meinen Sarg empor,
ringsherum, mit schönen Früchten an den Zweigen mich erfreuend.
Es fliegt aber umher mit hellem Gesang die schluchzende Nachtigall
und die Zikade mit süßen Lippen zarte (Töne) ergießend,
und die kluge Sängerin, die zwitschernde Schwalbe oder die laut sirrende
[Grille, aus ihrer Brust ergießend süßen Gesang].

→ Πάτρων ὅσσα βροτοῖσιν ἐράσμια πάντ᾽ ἐτέλεσσα
→ ὄφρα καὶ ἰν Ἀίδῃ τερπνὸν ἔχοιμι τόπον
→ τἆλλα δὲ πάντα λέλοιπα καὶ ⟨ἃ⟩ ἐν νεότητι κατέκτη
→ οἴχηται πλὴν ἃ πρὶν ζῶν ἀπεκαρπισάμην.

(Ich) Patron, was den Sterblichen ersehnenswert, alles hab ich vollendet,
auf dass auch im Hades ich habe einen erfreuenden Ort:
Das andere alles habe ich verlassen, und (was) in der Jugend ich erwarb,
Fort ging es, außer was zuvor lebend ich geerntet.

Im Jahre 1843 wurde im Südosten Roms unweit der Porta Capena das mit Reliefs, Wandmalereien und Inschriften reich ausgestattete Familiengrab eines als Arzt bezeichneten Patron entdeckt, dessen auch in Abbildungen dokumentierte Ausstattung nur zum Teil erhalten blieb: Wie das Gedicht zeigten auch die Grabmalereien eine Landschaft mit Bäumen und Vögeln. Derartige Naturbezüge lassen sich bis zu griechischen Grabanlagen zurückverfolgen, die etwa in Athen in eine parkähnliche Landschaft eingebettet waren oder in deren Inschriften immer wieder Blumen und Pflanzen genannt werden. Die Naturidylle des Gedichts wird in ihrer Schönheit noch durch die Nennung von gegensätzlichen Motiven gesteigert, gibt es hier doch weder stachlige Pflanzen noch unangenehme Tiere, sondern nur Bäume mit Früchten, Nachtigallen und Schwalben, Zikaden und Grillen. Die vier abschließenden Verse sind nicht eindeutig verständlich, in ihrer Intention jedoch eindeutig: Patron hat das Leben genossen, sich aber auch ein schönes Grab geschaffen.

Weihgeschenke

63 · Eine Sichel für Artemis

Inschrift auf Marmorstele · Um 150–200 n. Chr. · Maße: 45 × 27 × 8 cm · Fundort: Sparta, Heiligtum der Artemis Orthia · Sparta, Museum 1521

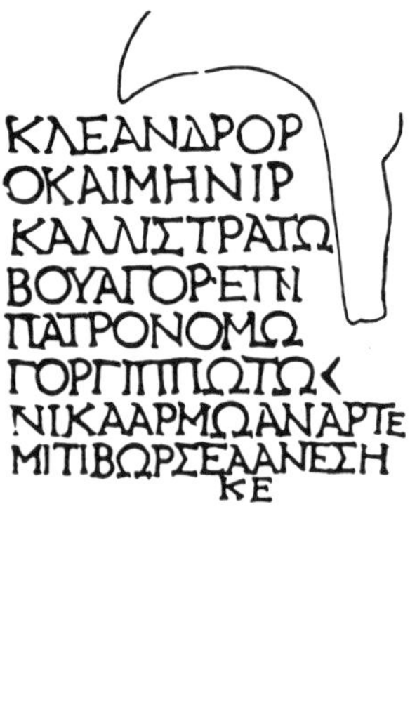

→ Κλέανδρορ
→ ὁ καὶ Μῆνιρ
→ Καλλιστράτω
→ βουαγὸρ ἐπὶ
→ πατρονόμω
→ Γοργίππω τῶ [Γοργίππω]
→ νικάαρ μῶαν Ἀρτέ
→ μιτι Βωρσέα[ι] ἀνέση
→ κε.

Kleandror,
der auch Menir,
(der Sohn) des Kallistratos,
Anführer der Jugendschar,
als Patronom war
Gorgippos, (Sohn) des Gorgippos,
nachdem er im Moa gesiegt hat,
der Artemis
Borsea weiht er (dies).

Der spartanische Dialekt dürfte schon für antike Ohren merkwürdig geklungen haben: So werden unter anderem Delta für Zeta, Sigma für Theta oder am Wortende Rho für Sigma verwendet, was zu Wortschöpfungen wie dem Namen Kleandror, *nikaar* für *nikesas* (hat gesiegt), *aneseke* für *anetheke* (hat geweiht) oder auch *Borsea* für *Orthia* geführt hat. Die Verwendung derartiger Lakonismen fügt sich in besonderem Maße zur Funktion einer Gattung von Weihgeschenken, die in Hellenismus und Kaiserzeit mit über 140 Beispielen im Heiligtum der Artemis Orthia in Sparta vertreten ist und Siegen in musischen Agonen (*Moa*, *Kelea*) und einem Jagdwettbewerb (*Kasseratorion*) gelten: Der Siegespreis, eine als *drepanon* bezeichnete Sichel, wurde in Stelen eingelassen der Göttin geweiht. Das Heiligtum war für die spartanische Identität stets von besonderer Bedeutung: Im 7. Jahrhundert v. Chr. gegründet, fanden dort bedeutende Riten statt, darunter auch Teile der Erziehungskultur junger Spartaner, die in eigenen Gemeinschaften (angeführt von einem *Bouagor* wie Kleandror) lebten und zu hartem Lebensstil und Schmerzunempfindlichkeit erzogen wurden. Mit den hellenistischen und kaiserzeitlichen Sichelstelen wurde versucht, im Artemisheiligtum Werte und Traditionen zu betonen, für die das in der Kaiserzeit politisch bedeutungslose Sparta auch in Rom hochberühmt war. Auf die Bedeutung der Tradition verweist dabei auch das im späten 3. Jahrhundert v. Chr. eingeführte Amt des ein Jahr amtierenden »Patronoms«, des »Hüters der althergebrachten Ordnung«, nach dem seit dem 1. Jahrhundert v. Chr. das jeweilige Jahr benannt wurde.

64 · Die geretteten Ochsen

Inschrift auf Altar · 162 n. Chr. · Höhe Altar: 0,45 m · Fundort: Uluborlu (Phrygien), Moschee Sultan Ala-eddin

[→ ἔτους ζμσ´]
  → γειαρότας δοιοὺς τούσδ᾽ ἐθέμην Σάγαρις
  → ἀντὶ βοῶν ζώντων τοὺς Δοκιμεῖς ἀρότας
→ οὓς ἐσάωσε θέος ὅτε βούβρωστις κατὰ γαῖαν
→ σαρκοβόρος δεινή τε φόνον βρείθουσα ἄλυκτ[ον]
→ κόσμον ἐπέσχετο πάντα. ἐμοὶ φύγον ἐ[κ] καμάτ[οιο]
→ ἐργατιναὶ καλοὶ ξανθοὶ γαίης ἀροτῆρε[ς].
→ καὶ βόας ἐρρύσω ψυχὰς δὲ βροτῶν ἐσάωσ[ας]
→ [καὶ Γαλατῶν γαίης ἤγαγες ἐς πατρίδα.
→ υἷα τ᾽ ἐμὸν κύδηνας ἐνὶ Τρόκμοις ζαθέοισι.
→ τούνεκεν οὐ μέγα δῶρον ἐγὼ τὸν βωμὸν ἔθηκα.
→ τίς γὰρ δῶρον ἄνακτι θεῶν ἀντάξιον εὕροι;]

Im Jahr 247 (= 162 n. Chr.)
  Die Erdpflüger, diese zwei habe ich (als Weihung) aufgestellt, Sagaris
  Statt der lebenden Rinder (aus) dokimeischen (Marmor) die Pflüger,
Die errettet hat der Gott, als große Not über die Erde (kam),
Fleischverzehrende, furchtbare und Tod bringende, unvermeidlichen,
Die Welt befiel, die ganze: Mir aber entflohen aus der Seuche
Die Arbeiter, die schönen, die goldfarbenen, der Erde Pflüger:
Und die Rinder bewahrtest Du, die Seelen der Menschen hast Du errettet
  Und in der Galater Land führtest Du (sie), in die Heimat,
Meinen Sohn machst Du berühmt bei den Trokmern, den götter-geliebten:

Deshalb – keine große Gabe – habe ich den Altar (Dir) aufgestellt:
Wer nämlich fände eine Gabe würdig dem Herrn der Götter in angemessenem Tausch?

Die Weihung des Sagaris stammt aus der Mitte des 2. Jahrhunderts n. Chr., in dem im Osten des Römischen Reiches eine verheerende Seuche wütete, die auch in der historischen Literatur eindrucksvoll beschrieben wird; die Datierungsangabe »im Jahr 247« folgt damit der Zeitrechnung der 84 v. Chr. beginnenden ›sullanischen Ära‹. Die zum Pflügen verwendeten Rinder des Sagaris wurden als kostbarer Besitz von seinem Sohn in Sicherheit und nach Ende der Bedrohung wieder nach Phrygien gebracht; für diese Rettungsaktion ist der allerdings nicht namentlich genannte Sohn des Sagaris bei dem keltischen Stamm der Trokmer berühmt geworden. Die Weihinschrift enthält zahlreiche Anlehnungen an die Wortwahl des frühgriechischen Epos, die die Rettung »der Erde Pflüger« in mythische Dimensionen erheben. Dabei gibt sich der Weihende gerade im letzten Vers sehr bescheiden: Keine Weihung kann der Gunst des Zeus entsprechen.

65 · Die Signatur Lysipps des Jüngeren

Signatur auf Medaille · Um 1480 · Durchmesser: 4,2 cm · Paris, Bibliothèque Nationale

Rs.: Pelikan und seine Jungen (vereinfachte Zeichnung)

ΕΡΓΟΝ · ΛΥΣΙΠΠΟΥ · ΝΕΟΤΕΡΟΥ

Werk Lysipps des Jüngeren.

Die Medaille für Martinus Philethicus (um 1430 – um 1490) zeigt auf der Vorderseite das Porträt des geschätzten Humanisten und nennt dazu Name, Ehrungen und Ehrenämter: · M · PHILETHICUS POETA · LAU[REATUS] · ET · EQUES · COM[ES] · PAL[ATII], *M(artinus) Philethicus, mit dem Lorbeerkranz geehrter Dichter und Ritter, Begleiter des kaiserlichen Hofes*. Auf der Rückseite findet sich das Bild eines Pelikans, der sich die Brust zerfleischt und so seine Jungen ernährt, ein verbreitetes Symbol der *caritas*. Hinzu kommt wie auf anderen Arbeiten desselben Medaillenschneiders die griechische Signatur »Lysipp der Jüngere«, die die Verbindung von Gelehrsamkeit und Kunstschaffen in der Renaissance eindrucksvoll vor Augen führt. Die Wahl des Namens eines hochberühmten Bildhauers – angeblich der einzige, der Porträts Alexanders des Großen (356–323 v. Chr.) anfertigen durfte – mag auf einer Medaille verwundern, doch sind auch die Münzbildnisse Alexanders zeitweise Lysipp zugeschrieben worden; weitere neuzeitliche Quellen hierfür sind allerdings erst ab dem 16. Jahrhundert bekannt. Der Künstlername gehört jedenfalls in eine Zeit, in der mit der umfassenden Wiederentdeckung der Antike auch die starke Beeinflussung der gleichzeitigen Kunst einsetzt, für die tatsächlich bekannte wie auch nur in Texten beschriebene antike Kunstwerke zum Maßstab wurden: So werden verlorene griechische Gemälde nach antiken Texten rekonstruiert oder erhaltene Skulpturen der Antike als Vorbild für eigene Werke genommen. In diesen Zusammenhang gehört es dann auch, wenn Künstler griechische Begriffe verwenden – so nannte Pomponius Gauricus (um 1480–1530), Bildhauer und Verfasser einer einflussreichen Abhandlung über Bildhauerei, seine Werkstatt in Padua ΑΓΑΛΜΑΤΟΥΡΙΟΝ, »Statuerei« – oder Kunstwerke mit griechischen Signaturen versehen: Giorgio Vasari (1511–1574) etwa, der Verfasser der berühmten Künstlerviten, hat mit ΓΕΩΡΓΙΟΣ ΑΡΡΕΤΙΝΟΣ ΕΓΡΑΦΕ, »Georgios aus Arezzo hat es gemalt«, signiert. Bei Lysipp (dem Jüngeren) wurde nun sogar ein antiker Künstlername wiederbelebt.

BIBLIOGRAPHIE

Die Literaturangaben verstehen sich als erste Hinweise – in Zeiten von Literatur-Datenbanken ist eine vollständige Aufzählung ohnehin obsolet geworden. Als Informationsmöglichkeit für alle Belange sei auf die Artikel in »Der Neue Pauly. Enzyklopädie der Antike« verwiesen (http://referenceworks.brillonline.com/browse/der-neue-pauly); zu Mythendarstellungen auf das »Lexicon Iconographicum Mythologiae Classicae«; zu griechischen Autoren und Texten auf B. Zimmermann (Hrsg.), Handbuch der griechischen Literatur der Antike. Erster Band. Die Literatur der archaischen und klassischen Zeit, Handbuch der Altertumswissenschaft VII.1, München 2011; B. Zimmermann – A. Rengakos (Hrsg.), Handbuch der griechischen Literatur der Antike. Zweiter Band. Die Literatur der klassischen und hellenistischen Zeit, Handbuch der Altertumswissenschaft VII.2, München 2014; B. Zimmermann – A. Rengakos (Hrsg.), Handbuch der griechischen Literatur der Antike. Dritter Band. Die griechische Literatur der Kaiserzeit und Spätantike, Handbuch der Altertumswissenschaft VII.3, München (im Druck); die neue epigraphische Literatur findet sich in den Bänden bzw. der Datenbank des Supplementum Epigraphicum Graecum.

Einleitung

Motto: R. Barthes, Variations sur l'écriture. Variationen über die Schrift, Mainz 2006, S. 191. – *Das mykenische Griechisch*: J. Chadwick, The Decipherment of Linear B, Cambridge 1968; M. Ventris – J. Chadwick, Documents in Mycenaean Greek, 2. Auflage Cambridge 1973; A. Heubeck, Schrift, Archaeologia Homerica Band X, Göttingen 1979, S. 23 ff.; St. Hiller – O. Panagl, Die frühgriechischen Texte aus mykenischer Zeit, 2. Auflage Darmstadt 1986; C. W. Shelmerdine – J. Bennet, Economy and Administration, in: C. W. Shelmerdine (Hrsg.), The Cambridge Companion to the Aegean Bronze Age, Cambridge 2008, S. 289 ff. – *Götternamen*: W. Burkert, Griechische Religion der archaischen und klassischen Epoche,

2. Auflage Stuttgart 2011, S. 74 ff. – *Homer*: Die Realien der frühgriechischen Epen werden in der Reihe »Archaeologia Homerica« behandelt; vgl. zudem J. Boardman, The Archaeology of Nostalgia, London 2002; J. Grethlein, Memory and material objects in the *Iliad* and the *Odyssey*, in: The Journal of Hellenic Studies 128, 2008, S. 27 ff. – *Zypern*: M. Egetmeyer, Le dialecte grec ancien de Chypre, Berlin – New York 2010; Heubeck ebenda, S. 64 ff. – *Das griechische Alphabet und die Inschriften. Von Aleph zu Alpha – Zur Gestaltung der Texte*. B. F. Cook, Greek Inscriptions, London 1987; M. Guarducci, L'Epigrafia Greca dalle origini al Tardo Impero, Rom 1987, S. 10 ff. 81 ff.; A. Heubeck, Schrift, Archaeologia Homerica Band X, Göttingen 1979; L. H. Jeffery, The Local Scripts of Archaic Greece. Revised Edition with a supplement by A. H. Johnston, Oxford 1990; A. Kehnel – D. Panagiotopoulos (Hrsg.), Schriftträger – Textträger. Zur materialen Präsenz des Geschriebenen in frühen Gesellschaften, Berlin – New York 2014; A. Kirchhoff, Studien zur Geschichte des griechischen Alphabets, 4. Auflage Gütersloh 1887; W. Larfeld, Handbuch der griechischen Epigraphik Band I–II, Leipzig 1898–1907; Z. Newby – R. Leader-Newby (Hrsg.), Art and Inscriptions in the Ancient World, Cambridge 2007; G. Pfohl, Griechische Inschriften als Zeugnisse privaten und öffentlichen Lebens, Sammlung Tusculum, 2. Auflage München 1980. – *Antike Vorstellungen zur Erfindung der Schrift*: Guarducci ebenda, S. 15 f.; A. Heubeck, Schrift, Archaeologia Homerica Band X, Göttingen 1979, S. 105 ff.; A. Kleingünther, Protos Heuretes. Untersuchungen zur Geschichte einer Fragestellung, Leipzig 1933. *Phönizische Buchstaben. Inschrift von Teos*: K. Brodersen – W. Günther – H. H. Schmitt, Historische griechische Inschriften in Übersetzung, Darmstadt 2011, S. 26 ff. Nr. 47; Heubeck ebenda, S. 108. *Kadmos*: Heubeck ebenda, S. 106 f. (Sophokles, *Die Hirten*: Vgl. H. Lloyd-Jones [Hrsg.], Sophocles. Fragments, Loeb Classical Library Band 483, Cambridge, Mass. – London 1996, S. 256 ff.) *Hermes*: Scholion zu Dionysios Thrax; vgl. Guarducci ebenda, S. 15. Hadrian von Tyros: Philostrat, *Leben der Sophisten* 2, 10, 2. *Prometheus*: (Aischylos), *Der gefesselte Prometheus*, V. 459 ff. *Palamedes*: Scholion zu Dionysios Thrax; vgl. D. A. Campbell, Greek Lyric Band 3. Stesichorus, Ibycus, Simonides, and Others, Loeb Classical Library Band 476, Cambridge/Mass. – London 1991, S. 129 Nr. 213. *Simonides*: D. A. Campbell, Greek Lyric Band 3.

Stesichorus, Ibycus, Simonides, and Others, Loeb Classical Library Band 476, Cambridge/Mass. – London 1991, S. 330 Nr. 1. – *Lokalalphabete. Kanne Kyme*: A. Heubeck, Schrift, Archaeologia Homerica Band X, Göttingen 1979, S. 122 Nr. 4c; L. H. Jeffery, The Local Scripts of Archaic Greece. Revised Edition with a supplement by A. H. Johnston, Oxford 1990, S. 130 Nr. 2; F. Lorber, Inschriften auf korinthischen Vasen, Archäologische Forschungen Band 6, Berlin 1979, S. 11 f. Nr. 5. – *Inschriften und Gedichte*. P. Friedländer, *Epigrammata*. Greek Inscriptions in Verse from the Beginnings to the Persian Wars, Berkeley – Los Angeles 1948; P. A. Hansen, Carmina Epigraphica Graeca saeculorum VIII–V a. Chr. n., Texte und Kommentare Band 12, Berlin – New York 1983; P. A. Hansen, Carmina Epigraphica Graeca Saeculi IV a. Chr. n., Texte und Kommentare Band 15, Berlin – New York 1989. – *Griechische Versmaße*: B. Snell, Griechische Metrik, Göttingen 1982; U. von Wilamowitz-Moellendorff, Griechische Verskunst, Berlin 1921. *Zusammenhang mit Gedichten*: T. Christian, Gebildete Steine. Zur Rezeption literarischer Techniken in den Versinschriften seit dem Hellenismus, Hypomnemata Band 197, Göttingen 2015; D. Meyer, Inszeniertes Lesevergnügen. Das inschriftliche Epigramm und seine Rezeption bei Kallimachos, Hermes Einzelschriften Band 93, Stuttgart 2005. – *Von »verderblichen Zeichen« zu Weisheitslehren. Inschriften in der griechischen Literatur*. W. Larfeld, Handbuch der griechischen Epigraphik Band I, Leipzig 1907, S. 16 ff.; D. Meyer, Inszeniertes Lesevergnügen. Das inschriftliche Epigramm und seine Rezeption bei Kallimachos, Hermes Einzelschriften Band 93, Stuttgart 2005, S. 38 ff.; D. Tarn Steiner, The Tyrant's Writ. Myths and Images of Writing in Ancient Greece, Princeton 1994. – *Bellerophon*: A. Heubeck, Schrift, Archaeologia Homerica Band X, Göttingen 1979, S. 129 ff.; Meyer ebenda, S. 38 f.; Tarn Steiner ebenda, S. 15 ff. *Homer, Ilias*: Homer, Die Ilias. Übersetzt von W. Schadewaldt, Frankfurt am Main 1975. – *Aischylos*: Aischylos, Tragödien, übersetzt von O. Werner, herausgegeben von B. Zimmermann, Sammlung Tusculum, Zürich 1996, S. 107. 119; vgl. Meyer ebenda, S. 39 ff.; Tarn Steiner ebenda, S. 49 ff. – *Achaios, Omphale*: Athenaios, *Deipnosophistae* 11, 466e; vgl. N. Pechstein – R. Krumeich, Omphale, in: R. Krumeich – N. Pechstein – B. Seidensticker (Hrsg.), Das griechische Satyrspiel, Darmstadt 1999, S. 539 ff., das Fragment S. 540 F 33. – *Herodot*: Heubeck ebenda, S. 106 f.;

Meyer ebenda, S. 43 ff.; Tarn Steiner ebenda, S. 132 ff. – *Thukydides*: Thukydides, Der Peloponnesische Krieg. Übersetzt und herausgegeben von G. P. Landmann, Düsseldorf – Zürich 2002, S. 404. *Inschrift des Peisistratos*: Athen, Epigraphisches Museum 6787. M. F. Arnush, The Career of Peisistratos Son of Hippias, in: Hesperia 64, 1995, 135 ff., bes. 144 ff.; Guarducci ebenda, S. 45; P. A. Hansen, Carmina Epigraphica Graeca saeculorum VIII–V a. Chr. n., Texte und Kommentare Band 12, Berlin – New York 1983, S. 163 f. Nr. 305; Tarn Steiner ebenda, S. 79. *Pythion*: J. Travlos, Bildlexikon zum antiken Athen, Tübingen 1971, S. 100. *Hippias von Elis*: Larfeld ebenda, S. 16; vgl. M. Reichel, in: B. Zimmermann (Hrsg.), Handbuch der griechischen Literatur der Antike. Erster Band. Die Literatur der archaischen und klassischen Zeit, Handbuch der Altertumswissenschaft VII.1, München 2011, S. 432 f. – *Polybios*: Larfeld ebenda, S. 16. – *Theopomp, Philochoros*: Larfeld ebenda, S. 16. – *Demosthenes*: Larfeld ebenda, S. 19. – *Plutarch, Solon*: Plutarch, Große Griechen und Römer Band 1, übersetzt und mit Anmerkungen versehen von K. Ziegler und W. Wuhrmann, Mannheim 2010. *Kyrbeis*: Vgl. Aristoteles, Staat der Athener. Übersetzt und erläutert von M. Chambers, Aristoteles, Werke in deutscher Übersetzung begründet von E. Grumach, herausgegeben von H. Flashar, Band 10, Teil 1, Berlin 1990, S. 167 f. *Platons Schriftkritik*: Vgl. Th. A. Szlezák, Platon lesen, 1993, bes. S. 56 ff. – *Polemon von Troja*: Vgl. N. J. Koch, Paradeigma. Die antike Kunstschriftstellerei als Grundlage der frühneuzeitlichen Kunsttheorie, Gratia 50, Wiesbaden 2013, S. 159 f. 166 ff.; E. Pernice, überarbeitet von W. H. Gross, Die griechischen und lateinischen literarischen Zeugnisse, in: U. Hausmann (Hg.), Allgemeine Grundlagen der Archäologie, Handbuch der Archäologie, München 1969, S. 395 ff.; M. Steinhart, Kunstliteratur, in: B. Zimmermann – A. Rengakos (Hrsg.), Handbuch der griechischen Literatur der Antike. Dritter Band. Die griechische Literatur der Kaiserzeit und Spätantike, Handbuch der Altertumswissenschaft Band VII.3, München 2018 (im Druck). *Stelokopas*: Athenaios (*Das Gelehrtenmahl, Deipnosophistae* 6, 243 d. – *Pausanias*: Chr. Habicht, Pausanias' Guide to Ancient Greece, Berkeley – Los Angeles 1998, S. 64 ff.; Steinhart ebenda. – *Athenaios*: Vgl. L. Dubois, Inscriptions grecques dialectales de Grande Grèce I. Colonies eubéennes. Colonies ioniennes. Emporia, École Pratique des Hautes Études, IVe section, Sciences Historiques et Philologiques, III. Hautes Études du Monde Gréco-Romain Band 21, Genf 1995, S. 184. – *Witz*: Andreas Thierfelder (Hrsg.), Philogelos. Der Lachfreund, Sammlung Tusculum, München 1968, S. 77 Nr. 132 mit leicht veränderter Übersetzung. – *Historische Inschriften*: Vgl. K. Brodersen – W. Günther – H. H. Schmitt, Historische griechische Inschriften in Übersetzung, Darmstadt 2011; Tarn Steiner ebenda, S. 227 ff. (Gesetzestexte). Bauurkunden: Vgl. jüngst S. Prignitz, Bauurkunden und Bauprogramm von Epidauros (400–350), Vestigia Band 67, München 2014. – *Zur Erforschung der griechischen Inschriften in der Neuzeit.* W. Larfeld, Handbuch der griechischen Epigraphik Band 1, Leipzig 1907, S. 26 ff.; M. Wegner, Altertumskunde, Freiburg – München 1951, passim. – *Codex Einsiedlensis*: Larfeld ebenda, S. 26; G. Walser, Die Einsiedler Inschriftensammlung und der Pilgerführer durch Rom (Codex Einsidlensis 326), Stuttgart 1987. – *Cyriacus von Ancona*: Vgl. jüngst A. Grüner, Archäologie als Kapital. Die medialen Strategien des Cyriacus von Ancona (1390–1452), in: Münchner Jahrbuch der Bildenden Kunst 63, 2012, S. 7 ff. – *Cassiano del Pozzo*: I. Herklotz, Cassiano Dal Pozzo und die Archäologie des 17. Jahrhunderts, München 1999; W. Stenhouse, Ancient Inscriptions, A. Claridge – J. Osborne – H. Whitehouse (Hrsg.), The Paper Museum of Cassiano Dal Pozzo. A Catalogue Raisonné. Drawings and Prints in the Royal Library at Windsor Castle, the British Museum, the Institut de France and other collections / Series A. Antiquities and Architecture, Band 7. Ancient Inscriptions, London 2002, S. 258 Nr. 151. – *Gemmen*: Vgl. M. Steinhart, Die Faszination des schönen Steins. Vom Sammeln und Erforschen antiker Gemmen, in: R. Wünsche – M. Steinhart (Hrsg.), Zauber in edlem Stein. Antike Gemmen. Die Stiftung Helmut Hansmann, Lindenberg im Allgäu 2010, S. 62 ff.; E. Zwierlein-Diehl, Antike Gemmen und ihr Nachleben, Berlin – New York 2007. – *Vasen*: Vgl. jüngst St. Schmidt – M. Steinhart (Hrsg.), Sammeln und Erforschen – Griechische Vasen in neuzeitlichen Sammlungen, Akten des Kolloquiums München 7.–9.11.2012, P. Zanker (Hrsg.), Beihefte zum Corpus Vasorum Antiquorum Deutschland Band 6, München 2014. – *Forschungsorganisation.* Inscriptiones Graecae: http://ig.bbaw.de/ Homepage IG; L. H. Jeffery: http://poinikastas.csad.ox.ac.uk/memoire/LHJ-introduction.html. *August Böckh*: K. Christ, Hellas. Griechische Geschichte und deutsche Geschichtswissenschaft, München 1999, S. 15 f. –

Die Bedeutung der griechischen Schrift. Etruskisch: L. Bonfante, Etruscan, London 1990; H. Rix, Etruskische Texte, Tübingen 1991; D. Steinbauer, Neues Handbuch des Etruskischen, St. Katharinen 1999. – *Latein*: M. Schmidt, Einführung in die lateinische Epigraphik, Darmstadt 2011. – *Gesetzestext Dreros*: K. Brodersen – W. Günther – H. H. Schmitt, Historische griechische Inschriften in Übersetzung, Darmstadt 2011, S. 3 Nr. 2. *Gutenberg*: Vgl. P. Burke, Papier und Marktgeschrei. Die Geburt der Wissensgesellschaft, Berlin 2002. *Celtis*: Conrad Celtis, Oden/Epoden/Jahrhundertlied. Übersetzt und herausgegeben von Eckart Schäfer, NeoLatina Band 16, 2. Auflage Tübingen 2012, S. 232. *Kant*: Beantwortung der Frage: Was ist Aufklärung?, in: Immanuel Kant, Schriften zur Anthropologie, Geschichtsphilosophie, Politik und Pädagogik Band 1, Werkausgabe Band 11, Frankfurt am Main 1977, S. 53 ff. (Zitat: S. 53). Textwissenschaft als Aufklärung: S. Pollock, Philologie und Freiheit, Berlin 2016. *Medien und Verbreitung von Wissen*: Burke ebenda; P. Burke, Die Explosion des Wissens. Von der *Encyclopédie* bis Wikipedia, Berlin 2014. Moderne Gestaltung von Schrift: R. Reuß, Die perfekte Lesemaschine. Zur Ergonomie des Buches, Göttingen 2014.

Die Inschriften

Die Anfänge der Schriftkultur

1 Heiteres Tanzvergnügen: M. Guarducci, L'Epigrafia Greca dalle origini al Tardo Impero, Rom 1987, S. 42; P. A. Hansen, Carmina Epigraphica Graeca saeculorum VIII–V a. Chr. n., Texte und Kommentare Band 12, Berlin – New York 1983, S. 239 f. Nr. 432; A. Heubeck, Schrift, Archaeologia Homerica Band X, Göttingen 1979, S. 116–118; H. A. Immerwahr, Attic Script, Oxford 1990, S. 7 Nr. 1; L. H. Jeffery, The Local Scripts of Archaic Greece. Revised Edition with a supplement by A. H. Johnston, Oxford 1990, 76 Nr. 1; G. Pfohl, Griechische Inschriften als Zeugnisse privaten und öffentlichen Lebens, Sammlung Tusculum, 2. Auflage München 1980, S. 9 f. Nr. 1. *Attisch geometrische Keramik*: J. Boardman, Early Greek Vase Painting. 11th – 6th Centuries BC, London 1998, S. 24 ff.; J. N. Coldstream, Geometric Greece, 2. Auflage London – New York 2003, S. 109 ff. *Athen, Kerameikos*: U. Knigge, Der Kerameikos von Athen, Athen 1988; J. Stroszeck, Der Kerameikos in Athen, Möhnesee 2014. *Ausgelassene Tänze*: Vgl. M. Steinhart, Die Kunst der Nachahmung, Mainz 2004, S. 38. *Schild des Herakles*: A. Ercolani, in: B. Zimmermann (Hrsg.), Handbuch der griechischen Literatur der Antike. Erster Band. Die Literatur der archaischen und klassischen Zeit, Handbuch der Altertumswissenschaft VII.1, München 2011, S. 98 ff. – **2 Liebeszauber auf Ischia**: J. Boardman, The Archaeology of Nostalgia, London 2002, S. 91 f.; G. Buchner – D. Ridgway, Pithekoussai I. La necropolis. Tombe 1 – 723 scavate dal 1952 a 1961, Monumenti antichi ser. Monogr. 4, Rom 1993, S. 751 ff.; T. Christian, Gebildete Steine. Zur Rezeption literarischer Techniken in den Versinschriften seit dem Hellenismus, Hypomnemata Band 197, Göttingen 2015, S. 30 f.; H.-J. Gehrke, Von der Materialität zur Identität. Methodologische Überlegungen zu einem zentralen Problemfeld der archäologisch-historischen Wissenschaften, in: H. Baitinger (Hrsg.), Materielle Kultur und Identität im Spannungsfeld zwischen Mediterraner Welt und Mitteleuropa, Akten der Internationalen Tagung am Römisch-Germanischen Zentralmuseum Mainz, 22.–24. Oktober 2014, Mainz 2016, S. 1 ff., bes. S. 8 ff.; M. Guarducci, L'Epigrafia Greca dalle origini al Tardo Impero, Rom 1987, S. 365 f.; P. A. Hansen, Carmina Epigraphica Graeca saeculorum VIII–V a. Chr. n., Texte und Kommentare Band 12, Berlin – New York 1983, S. 252 f. Nr. 454; A. Heubeck, Schrift, Archaeologia Homerica Band X, Göttingen 1979, S. 109–116; L. H. Jeffery, The Local Scripts of Archaic Greece. Revised Edition with a supplement by A. H. Johnston, Oxford 1990, S. 453 B; G. Pfohl, Griechische Inschriften als Zeugnisse privaten und öffentlichen Lebens, Sammlung Tusculum, 2. Auflage München 1980, S. 10 f. Nr. 2; M. Steinhart, Zwei ›Becher des Nestor‹ und der Zauber der Aphrodite, in: Würzburger Jahrbücher für die Altertumswissenschaft Neue Folge 36, 2012, S. 7 ff.; R. Wachter, Nestorbecher, in: Der Neue Pauly. Brill Online 2012. *Ischia-Pithekussai*: J. Boardman, The Greeks Overseas. Their Early Colonies and Trade, 4. Auflage London 1999, S. 165–168. *Geometrische Keramik Rhodos*: J. Boardman, Early Greek Vase Painting. 11th – 6th Centuries BC, London 1998, S. 51 f.; J. N. Coldstream, Geometric Greece, 2. Auflage London – New York 2003, 246 ff. *Epos und Homer*: M. Reichel, in B. Zimmermann (Hrsg.), Handbuch der griechischen Literatur der Antike. Erster Band. Die Literatur der archaischen und klassischen Zeit, Handbuch der Altertumswissenschaft VII.1, München 2011, S. 7 ff.; Th. A. Szlezák, Homer oder Die Geburt der abendländischen Dichtung, München 2012. *Nestorbecher Ilias*: F. Canciani, Bildkunst, Teil 2, Archaeologia Homerica N, Göttingen 1984, S. 40. *Rekonstruktionen*: Steinhart ebenda, S. 19 f. – **3 A B Gamma**: A. Heubeck, Schrift, Archaeologia Homerica Band X, Göttingen 1979, S. 119 Nr. 1; H. A. Immerwahr, Attic Script, Oxford 1990, S. 8 Nr. 3; M. Lang, Graffiti and Dipinti, The Athenian Agora. Results of Excavations conducted by The American School of Classical Studies at Athens Band 21, Princeton 1976, S. 7 Nr. A 1. *ABCdarien*: Vgl. A. Heubeck, Schrift, Archaeologia Homerica Band X, Göttingen 1979, S. 122. *Weben*: Vgl. M. Steinhart, Die Künste der Athena. Handwerk und Politik am Ostfries des Parthenon, in: Münchner Jahrbuch der bildenden Kunst 65, 2014, S. 7 ff. *Frauen und Schrift*: Vgl. M. Steinhart, Literate and Wealthy Women in Archaic Greece: Some Thoughts on the ›Telesstas‹ Hydria, in: Eric Csapo – Margaret C. Miller (Hrsg.), Poetry, Theory, Praxis. The Social Life of Myth, Word, and Image in Ancient Greece. Essays in Honour of William J. Slater, Oxford 2003, S. 204 ff. *Pferde*: Vgl. J. McK Camp II, Horses and Horsemanship in the Athenian Agora, Athen 1998; H. Mommsen, Pferde des Exekias, in: Claudia Lang-Auinger – Elisabeth Trinkl (Hrsg.), ΦΥΤΑ ΚΑΙ ΖΩΙΑ. Pflanzen und Tiere auf griechischen Vasen, Corpus Vasorum Antiquorum Österreich Beiheft 2, Wien 2015, 97 ff. *Athen, Agora*: J. McK Camp II, The Athenian Agora. Site Guide, Athen 2010.

Die archaische Zeit

4 Abschreckung vor Diebstahl: H. Bredekamp, Theorie des Bildakts, Frankfurt/Main 2010, S. 62; L. Dubois, Inscriptions grecques dialectales de Grande Grèce I. Colonies eubéennes. Colonies ioniennes. Emporia, École Pratique des Hautes Études, IVe section, Sciences Historiques et Philologiques, III. Hautes Études du Monde Gréco-Romain Band 21, Genf 1995, S. 41 f. Nr. 12; A. Heubeck, Schrift, Archaeologia Homerica

Band X, Göttingen 1979, S. 124 Nr. 7; L. H. Jeffery, The Local Scripts of Archaic Greece. Revised Edition with a supplement by A. H. Johnston, Oxford 1990, 240 Nr. 3; F. Lorber, Inschriften auf korinthischen Vasen, Archäologische Forschungen Band 6, Berlin 1979, S. 13 Nr. 9; C. W. Neeft, Protocorinthian Subgeometric Aryballoi, Allard Pierson Series Band 7, Amsterdam 1987, S. 107 Nr. 3; Steinhart (wie Nr. 3), S. 210 Nr. 3 (auch zum Namen). *Blindheit und Blendung*: Vgl. K. Bergdolt, Blindheit, in: Karl-Heinz Leven (Hrsg.), Antike Medizin. Ein Lexikon, München 2005, Sp. 165 f. *Diebstahlsverbote*: Vgl. L. Dubois, Inscriptions grecques dialectales d'Olbia du Pont, École Pratique des Hautes Études, Sciences Historiques et Philologiques, Sciences Historiques et Philologiques, III. Hautes Études du Monde Gréco-Romain, Genf 1996, S. 38 f.; L. Dubois, Inscriptions grecques dialectales de Grande Grèce II. Colonies Achéennes, École Pratique des Hautes Études, IVe section, Sciences Historiques et Philologiques, Sciences Historiques et Philologiques, III. Hautes Études du Monde Gréco-Romain, Ban 2002, S. 76. *Zaleukos*: Vgl. Aristoteles, Die Historischen Fragmente. Übersetzt und erläutert von Martin Hose, Aristoteles, Werke in deutscher Übersetzung. Begründet von Ernst Grumach, herausgegeben von Hellmuth Flashar, Band 20. Fragmente, Teil 3, Berlin 2002, S. 52 ff. 202 ff. Sprechende Gegenstände: H. Bredekamp, Theorie des Bildakts, Frankfurt/Main 2010, S. 59 ff. – **5 Das Salbölgefäß des guten Tänzers**: D. A. Amyx, Corinthian Vase-Painting of the Archaic Period, Berkeley – Los Angeles – London 1988 Band 1, S. 165 C-2. Band 2, S. 560 f. Nr. 17; M. Guarducci, L'Epigrafia Greca dalle origini al Tardo Impero, Rom 1987, S. 55 f.; P. A. Hansen, Carmina Epigraphica Graeca saeculorum VIII–V a. Chr. n., Texte und Kommentare Band 12, Berlin – New York 1983, S. 251 Nr. 452; F. Lorber, Inschriften auf korinthischen Vasen, Archäologische Forschungen Band 6, Berlin 1979, S. 35 ff. Nr. 39; L. H. Jeffery, The Local Scripts of Archaic Greece. Revised Edition with a supplement by A. H. Johnston, Oxford 1990, S. 131 Nr. 14c; R. Wachter, Non-Attic Greek Vase Inscriptions, Oxford 2001, S. 44 ff. COR 17. *Korinthische Keramik*: Vgl. (4). *Weihung, Olpa*: Vgl. schon M. C. Roebuck – C. A. Roebuck, A Prize Aryballos, in: Hesperia 24, 1955, S. 158 ff.; H. A. Shapiro, in: Thesaurus Cultus et Rituum Antiquorum Band 2, Los Angeles 2004, S. 312 Nr. 93; Wachter ebenda, S. 45. 47. *Apollontempel Korinth*: G. Gruben, Griechische

Tempel und Heiligtümer, 5. Auflage München 2001, S. 103 ff. – **6 Eine Säge am Gartentor**: M. Lang, Graffiti and Dipinti, The Athenian Agora. Results of Excavations conducted by The American School of Classical Studies at Athens Band 21, Princeton 1976, S. 8 Nr. B 1 mit Vergleichen und zum Alphabet. Besitzerinschriften des Thamneus: Lang ebenda, S. 31 F 12 und F 13 (hier abgebildet). *Säge*: Vgl. H. Baitinger – Th. Völling, Werkzeug und Gerät aus Olympia, Olympische Forschungen Band 32, Berlin – New York 2007, S. 26 ff.; J. Ziomecki, Les représentations d'artisans sur les vases attiques, Wroclaw 1975. *Athen, Agora*: Vgl. Nr. 3. – **7 Die Macht des Siegels**: J. Boardman, Greek Gems and Finger Rings, 2. Auflage London 2001, S. 141; M. Guarducci, L'Epigrafia Greca dalle origini al Tardo Impero, Rom 1987, S. 373; L. H. Jeffery, The Local Scripts of Archaic Greece. Revised Edition with a supplement by A. H. Johnston, Oxford 1990, S. 113 Nr. 7; O. Rossbach, Griechische Gemmen älterer Technik, in: Archäologische Zeitung 41, 1883, S. 337 f. Nr. 30; P. Zazoff, Die antiken Gemmen, München 1983, S. 100; E. Zwierlein-Diehl, Antike Gemmen und ihr Nachleben, Berlin – New York 2007, S. 36. 350 Abb. 79. *Sema*: H.-G. Niemeyer, SEMATA. Über den Sinn griechischer Standbilder, Berichte aus den Sitzungen der Joachim Jungius-Gesellschaft der Wissenschaften e. V., Hamburg 14, Hamburg – Göttingen 1996. *Skarabäus*: Vgl. Zazoff (wie oben) S. 116 ff. *Achat*: ebenda, S. 125. *Delphin*: E. Csapo, The Dolphins of Dionysus, in: Eric Csapo – Margaret C. Miller (Hrsg.), Poetry, Theory, Praxis. The Social Life of Myth, Word, and Image in Ancient Greece. Essays in Honour of William J. Slater, Oxford 2003, S. 69 ff.; S. Vidali, Archaische Delphindarstellungen, Würzburg 1997. – **8 Geschenkekauf in der Werkstatt**: J. D. Beazley, Attic Black-Figure Vase Painters, Oxford 1956, S. 146 Nr. 20; Beazley Archiv Oxford Database (http://www.beazley.ox.ac.uk) Nr. 310402; M. Guarducci, L'Epigrafia Greca Band 3, Rom 1974, S. 337 ff.; H. A. Immerwahr, Attic Script, Oxford 1990. S. 34 Nr. 142; L. H. Jeffery, The Local Scripts of Archaic Greece. Revised Edition with a supplement by A. H. Johnston, Oxford 1990, S. 143 Nr. 5 (II); H. Mommsen, Beobachtungen zu den Exekias-Signaturen, in: Metis 43, 1998, S. 39 ff., hier S. 43 f.; M. Steinhart – E. Wirbelauer, *Par Peisistratou*. Epigraphische Zeugnisse zur Geschichte des Schenkens, in: Chiron. Mitteilungen der Kommission für Alte Geschichte und Epigraphik des Deutschen Archäologischen Instituts 30, 2000, S. 283 Nr. 20 (auch allgemein zu Geschenken mit Inschrift). *Exekias*: H. Mommsen, in: Der Neue Pauly. Enzyklopädie der Antike, Band 4, Stuttgart 1997, Sp. 340 ff.; M. Steinhart, Exekias, in: A. Beyer – B. Savoy – W. Tegethoff (Hrsg.), Allgemeines Künstler-Lexikon. Die Bildenden Künstler aller Zeiten und Völker, Leipzig – München Band 35, 2002, Sp. 482–484. *Schiffe auf Weinkesseln*: J. H. Oakley, An Attic Black-Figure Eye-cup with Ships around the Interior, in: Archäologischer Anzeiger 1994, S. 16 ff. *Signatur*: Vgl. H. Mommsen, Beobachtungen zu den Exekias-Signaturen, in: Metis 43, 1998, S. 39 ff. *Poiein*: Vgl. M. Steinhart, Kunstwert und Materialgüte. Antike Inschriften als Medium eines Ideentransfers, in: Wolfgang Augustyn – Ulrich Söding (Hrsg.), Dialog – Transfer – Konflikt. Künstlerische Wechselbeziehungen im Mittelalter und in der Frühen Neuzeit, Akten des Kolloquiums München 4.–6.10.2012, Veröffentlichungen des Zentralinstituts für Kunstgeschichte Band 33, Passau 2014, S. 41 ff. – **9 Siegespreis im Wollekrempeln**: Beazley Archive Database Nr. 13330; B. F. Cook, Greek Inscriptions, London 1987, S. 56; L. H. Jeffery, The Local Scripts of Archaic Greece. Revised Edition with a supplement by A. H. Johnston, Oxford 1990, 283 Nr. 1; M. J. Milne, A Prize for Wool-Working, in: American Journal of Archaeology 44, 1945, S. 528 ff.; Steinhart (wie Nr. 3) S. 213 Nr. xii. *Wollverarbeitung*: Vgl. Nr. 3. *Münzprägung von Tarent*: W. Fischer-Bossert, Chronologie der Didrachmenprägung von Tarent, Antike Münzen und geschnittene Steine Band 14, Berlin – New York 1999, S. 410 ff. *Hetären*: C. Reinsberg, Ehe, Hetärentum und Knabenliebe, München 1989, S. 80 ff. – **10 Handelsfahrer in Gefahr**: B. Bravo, Une lettre sur plomb de Berezan. Colonisation et modes de contact dans le Pont, in: Dialogues d'Histoire Ancienne 1, 1974, S. 111 ff.; K. Brodersen – W. Günther – H. H. Schmitt, Historische griechische Inschriften in Übersetzung, Darmstadt 2011, S. 15 f. Nr. 27; T. Christian, Gebildete Steine. Zur Rezeption literarischer Techniken in den Versinschriften seit dem Hellenismus, Hypomnemata Band 197, Göttingen 2015, S. 43 f.; L. Dubois, Inscriptions grecques dialectales d'Olbia du Pont, École Pratique des Hautes Études, Sciences Historiques et Philologiques, Sciences Historiques et Philologiques, III. Hautes Études du Monde Gréco-Romain, Genf 1996, S. 50 ff. Nr. 26; L. H. Jeffery, The Local Scripts of Archaic Greece. Revised Edition with a supplement by A. H. Johnston, Oxford 1990, S. 478 Nr. 60c; M. Trapp, Greek and Latin Letters, Cambridge 2003, S. 6. S. 14 Nr. 1. *Lesarten der letzten Zeilen*: Vgl. Bravo ebenda, S. 123 f.; Brodersen – Günther – Schmitt, ebenda. *Berezan*: Vgl. N. Pohavalev, Die Griechen am Nordpontos, München 2008. Platon: M. Erler, Platon, in: B. Zimmermann – A. Rengakos (Hrsg.), Handbuch der griechischen Literatur der Antike. Zweiter Band. Die Literatur der klassischen und hellenistischen Zeit, Handbuch der Altertumswissenschaft VII.2, München 2014, S. 313. – **11 Eigentumsverfügungen**: L. Dubois, Inscriptions grecques dialectales de Grande Grèce II. Colonies Achéennes, École Pratique des Hautes Études, IVe section, Sciences Historiques et Philologiques, Sciences Historiques et Philologiques, III. Hautes Études du Monde Gréco-Romain, Genf 2002, S. 153 ff. Nr. 93; M. Guarducci, L'Epigrafia Greca Band 3, Rom 1974, S. 296; L. H. Jeffery, The Local Scripts of Archaic Greece. Revised Edition with a supplement by A. H. Johnston, Oxford 1990, S. 261 Nr. 28; G. Pfohl, Griechische Inschriften als Zeugnisse privaten und öffentlichen Lebens, Sammlung Tusculum, 2. Auflage München 1980, S. 168 f. Nr. 162. *Namen*: Pfohl ebenda, S. 169 (Männer oder Frauen?). *Ähnliche Urkunden*: Dubois ebenda, S. 156 f. Nr. 94. S. 174 ff. Nr. 100. *Tyche*: M. P. Nilsson, Geschichte der griechischen Religion, Handbuch der Altertumswissenschaft Band 5, 2, 2, 3. Auflage München 1974, S. 200 ff. – **12 Baumeister in Syrakus**: L. Dubois, Inscriptions grecques dialectales de Sicile, Collection de L'École Française de Rome Band 119, Rom 1989, S. 90 ff. Nr. 86; H. Engelmann, Die Bauinschrift am Apollonion von Syrakus, in: Zeitschrift für Papyrologie und Epigraphik 44, 1981, S. 91 ff.; G. Gruben, Griechische Tempel und Heiligtümer, 5. Auflage München 2001, S. 286 ff.; M. Guarducci, L'Epigrafia Greca, Band 1, Rom 1967, S. 343 f. Nr. 2; L. H. Jeffery, The Local Scripts of Archaic Greece. Revised Edition with a supplement by A. H. Johnston, Oxford 1990, 275 Nr. 3; D. Mertens, Städte und Bauten der Westgriechen, München 2006, S. 104 ff.; *Epikles*: Gruben ebenda, S. 286. *Dorischer Tempel*: Gruben ebenda, S. 3 ff. *Texte von Architekten*: Vgl. H. Philipp, Von Daidalos bis Isidoros – Der Architekt in griechischer und römischer Zeit, in: W. Nerdinger (Hg.), Der Architekt. Geschichte und Gegenwart eines Berufsstandes, München – London – New York 2012 Band 1, 39–57, bes. 40. 43. 52–54; M. Steinhart, Kunstliteratur, in: B. Zimmermann – A. Rengakos (Hrsg.), Handbuch der griechischen Literatur der Antike. Dritter Band. Die griechische Literatur der Kaiserzeit und Spätantike, Handbuch der Altertumswissenschaft VII.3, München 2018 (im Druck). Inschriftliche Bauurkunden: Vgl. jüngst S. Prignitz, Bauurkunden und Bauprogramm von Epidauros (400–350), Vestigia Band 67, München 2014. – **13 Künstlerstolz und Künstlerspott**: J. D. Beazley, Attic Red-Figure Vase-Painters, Oxford 1963, S. 26 Nr. 1; Beazley Archiv Oxford Database Nr. 200160 (http://www.beazley.ox.ac.uk); J. Boardman, Athenian Red Figure Vases. The Archaic Period, London 1975, Abb. 33.2; M. Guarducci, L'Epigrafia Greca dalle origini al Tardo Impero, Rom 1987, S. 434; H. A. Immerwahr, Attic Script, Oxford 1990. S. 65 Nr. 369 (mit der Lesung Ἐὐ{έ}δεμος); G. Pfohl, Griechische Inschriften als Zeugnisse privaten und öffentlichen Lebens, Sammlung Tusculum, 2. Auflage München 1980, S. 157 f. Nr. 145 (Signatur, Wiedergabe als eine Inschrift). *Euthymides*: Boardman ebenda, S. 30 f. *Euphronios*: Boardman ebenda, S. 31 f. *Vasenmaler und Verwendung von Schrift*: Vgl. jüngst G. S. Gerleigner, Smikros hat's gemalt. Zur Schriftbildlichkeit griechischer Vaseninschriften, in: A. Kehnel – D. Panagiotopoulos (Hrsg.), Schriftträger – Textträger. Zur materialen Präsenz des Geschriebenen in frühen Gesellschaften, Berlin – New York 2014, S. 209 ff. – **14 Die Kore der Phrasikleia**: V. Barlou, Die archaische Bildhauerkunst von Paros, Wiesbaden 2014, S. 168 Nr. B 3. S. 180 f. Nr. S3 (K. Hallof); J. Boardman, Greek Sculpture. The Archaic Period, London 1991, Abb. 108a; M. Guarducci, L'Epigrafia Greca dalle origini al Tardo Impero, Rom 1987, S. 382; K. Hallof – S. Kansteiner, in: S. Kansteiner u. a. (Hrsg.), Der Neue Overbeck. Die antiken Schriftquellen zu den bildenden Künstlern der Griechen Band 1, Berlin – Boston 2014, S. 253 f. DNO 348; P. A. Hansen, Carmina Epigraphica Graeca saeculorum VIII–V a. Chr. n., Texte und Kommentare Band 12, Berlin – New York 1983, S. 17 f. Nr. 24; N. Kaltsas, Sculpture in the National Archaeological Museum, Athens, Los Angeles 2002, S. 48 f. Nr. 45; Chr. Karusos, Aristodikos. Zur Geschichte der spätarchaisch-attischen Plastik und der Grabstatue, Stuttgart 1961, S. 62 A 15; K. Kissas, Die attischen Statuen- und Stelenbasen archaischer Zeit, Bonn 2000, S. 47 A 14; W. Peek, Griechische Grabgedichte, Darmstadt 1960, S. 60 f. Nr. 30; *Begräbnissitten*: J. Boardman – D. C. Kurtz, Thanatos. Tod und Jenseits bei den Griechen, Mainz 1985.

Koren: G. K. Karakasi, Archaische Koren, München 2001; G. M. A. Richter, Korai. Archaic greek Maidens, New York 1968. *Aristion*: Barlou ebenda. *Ehe*: C. Reinsberg, Ehe, Hetärentum und Knabenliebe, München 1989; J. H. Oakley – R. H. Sinos, The Wedding in Ancient Athens, Madison 1993. – **15 Tod eines Kriegers**: J. Boardman, Greek Sculpture. The Archaic Period, London 1991, Abb. 107; P. A. Hansen, Carmina Epigraphica Graeca saeculorum VIII–V a. Chr. n., Texte und Kommentare Band 12, Berlin – New York 1983, S. 19 f. Nr. 27; N. Kaltsas, Sculpture in the National Archaeological Museum, Athens, Los Angeles 2002, S. 58 f. Nr. 69; Chr. Karusos, Aristodikos. Zur Geschichte der spätarchaisch-attischen Plastik und der Grabstatue, Stuttgart 1961, S. 63 A 18; K. Kissas, Die attischen Statuen- und Stelenbasen archaischer Zeit, Bonn 2000, S. 54 f. Nr. 20; G. M. A. Richter, Kuroi. Archaic greek Youths, 2. Auflage New York 1970, S. 105 Nr. 136. *Bedeutung des Kuros*: N. Himmelmann, Frühgriechische Jünglingsstatuen, in: ders., Herrscher und Athlet. Die Bronzen vom Quirinal, Mailand 1989; H. Kyrieleis, Der große Kuros von Samos, Samos Band 10, Bonn 1996, S. 87 ff.; Richter ebenda. – *Kriegertod*: U. Vedder, Frauentod, Kriegertod im Spiegel der attischen Grabkunst des 4. Jhs. v. Chr., in: Mitteilungen des Deutschen Archäologischen Institutes, Athenische Abteilung 103, 1988, S. 161 ff. – **16 Gabe und Gegengabe**: H. Bredekamp, Theorie des Bildakts, Frankfurt/Main 2010, S. 62; J. Boardman, Greek Sculpture. The Archaic Period, London 1991, Abb. 10; M. Guarducci, L'Epigrafia Greca dalle origini al Tardo Impero, Rom 1987, S. 46 f. (auch zur Ergänzung von *amoi[]*); P. A. Hansen, Carmina Epigraphica Graeca saeculorum VIII–V a. Chr. n., Texte und Kommentare Band 12, Berlin – New York 1983, S. 175 f. Nr. 326 (auch zur Ergänzung von *amoi[]*); A. Heubeck, Schrift, Archaeologia Homerica Band X, Göttingen 1979, 120 Nr. 2; L. H. Jeffery, The Local Scripts of Archaic Greece. Revised Edition with a supplement by A. H. Johnston, Oxford 1990, S. 94 Nr. 1 (auch zur Ergänzung von *amoi[]*); M. L. Lazzarini, Le formule delle dediche votive nella Grecia arcaica, in: Atti della Accademia Nazionale dei Lincei Band 19, 1976, S. 290 Nr. 795. *Zehnter*: Lazzarini ebenda, S. 90–93. *Theben*: M. P. Nilsson, Griechische Feste von religiöser Bedeutung mit Ausschluss der attischen, 2. Auflage Stuttgart – Leipzig 1995, S. 164 f. *Gegengabe*: Lazzarini ebenda, S. 134. – **17 Eine Statue für Artemis**: J. Boardman, Greek Sculpture. The Archaic Period, London 1991, Abb. 71; M. Guarducci, L'Epigrafia Greca dalle origini al Tardo Impero, Rom 1987, S. 49 ff.; P. A. Hansen, Carmina Epigraphica Graeca saeculorum VIII–V a. Chr. n., Texte und Kommentare Band 12, Berlin – New York 1983, S. 221 f. Nr. 403; A. Heubeck, Schrift, Archaeologia Homerica Band X, Göttingen 1979, S. 124 f.; L. H. Jeffery, The Local Scripts of Archaic Greece. Revised Edition with a supplement by A. H. Johnston, Oxford 1990, S. 303 Nr. 2; G. Kokkourou-Alewras, Die archaische naxische Bildhauerei, in: A. H. Borbein (Hrsg.), Antike Plastik 24, München 1995, S. 80 Nr. 1; M. L. Lazzarini, Le formule delle dediche votive nella Grecia arcaica, in: Atti della Accademia Nazionale dei Lincei Band 19, 1976, S. 200 Nr. 157. *Artemis*: Kokkourou-Alewras S. 54. *Artemis auf Delos*: M. P. Nilsson, Griechische Feste von religiöser Bedeutung mit Ausschluss der attischen, 2. Auflage Stuttgart – Leipzig 1995, S. 207 ff. *Familienweihungen*: Chr. Löhr, Griechische Familienweihungen, Rahden 2000. – **18 Die Axt des Kyniskos**: J. Boardman, in: Thesaurus Cultus et Rituum Antiquorum Band 1, Los Angeles 2004, S. 310 Gr. 181; L. Dubois, Inscriptions grecques dialectales de Grande Grèce II. Colonies Achéennes, École Pratique des Hautes Études, IVe section, Sciences Historiques et Philologiques, Sciences Historiques et Philologiques, III. Hautes Études du Monde Gréco-Romain, Ban 2002, S. 32 f. Nr. 9; M. Guarducci, L'Epigrafia Greca dalle origini al Tardo Impero, Rom 1987, S. 265; L. H. Jeffery, The Local Scripts of Archaic Greece. Revised Edition with a supplement by A. H. Johnston, Oxford 1990, S. 253. 260 Nr. 8; I. Krauskopf, in: Thesaurus Cultus et Rituum Antiquorum Band 5, Los Angeles 2005, S. 307 Nr. 992; M. L. Lazzarini, Le formule delle dediche votive nella Grecia arcaica, in: Atti della Accademia Nazionale dei Lincei Band 19, 1976, S. 275 Nr. 701; W. H. D. Rouse, Greek Votive Offerings, Cambridge 1902, S. 92. *Äxte als Weihung*: Krauskopf ebenda, S. 305 ff. *Hera und Rind*: W. Burkert, Griechische Religion der archaischen und klassischen Epoche, 2. Auflage Stuttgart 2011, S. 206. *Tieropfer*: W. Burkert, Homo Necans. Interpretationen altgriechischer Opferriten und Mythen, 2. Auflage Berlin – New York 1997; N. Himmelmann, Tieropfer in der griechischen Kunst, Nordrhein-Westfälische Akademie der Wissenschaften Vorträge G 349, Opladen 1997. Bouphonien: Burkert ebenda, S. 154 ff. – **19 Ein erfolgreicher Kapitän**: J. Boardman, in: Thesaurus Cultus et Rituum Antiquorum Band 1, Los Angeles 2004, S. 311 Gr. 183; L. Dubois, Inscriptions grecques dialectales de Grande Grèce Band 1. Colonies eubéennes. Colonies ioniennes. Emporia, École Pratique des Hautes Études, IVe section, Sciences Historiques et Philologiques, III. Hautes Études du Monde Gréco-Romain Band 21, Genf 1995, S. 168 ff. Nr. 66; P. Gianfrotta, Le ancorè votive di Sostrato di Egina e di Faillo di Crotone, in: La Parola del Passato 30, 1975, S. 311 ff.; M. Guarducci, L'Epigrafia Greca Band 3, Rom 1974, S. 23; L. H. Jeffery, The Local Scripts of Archaic Greece. Revised Edition with a supplement by A. H. Johnston, Oxford 1990, S. 439 E; A. Johnston – M. Pandolfini, Le Iscrizioni, Gravisca. Scavi nel Santuario Greco Band 15, S. 15 f.; M. L. Lazzarini, Le formule delle dediche votive nella Grecia arcaica, in: Atti della Accademia Nazionale dei Lincei Band 19, 1976, S. 207 Nr. 208. *Poiein*: Lazzarini ebenda, S. 73. *Steinanker von Ägina mit Inschrift*: L. H. Jeffery, The Local Scripts of Archaic Greece. Revised Edition with a supplement by A. H. Johnston, Oxford 1990, S. 113 Nr. 14. 20. *Ankerweihungen*: Vgl. L. Dubois, Inscriptions grecques dialectales de Grande Grèce II. Colonies Achéennes, École Pratique des Hautes Études, IVe section, Sciences Historiques et Philologiques, Sciences Historiques et Philologiques, III. Hautes Études du Monde Gréco-Romain, Ban 2002, S. 149 ff. Nr. 90. *Sostratos*: Herodot, Historien. Herausgegeben von J. Feix, Sammlung Tusculum, Düsseldorf 2001. SO-*Handelsmarken*: J. Boardman, The History of Greek Vases, London 2001, S. 146. 154 f.; I. Scheibler, Griechische Töpferkunst, 2. Auflage München 1995, S. 159. – **20 Die Wünsche des Verkäufers**: C. Albizatti, Vasi antichi dipinti del Vaticano, Rom 1925–1939, Taf. 61; D. A. Campbell, Greek Lyric Band 5. The New School of Poetry and anonymous Songs and Hymns, Loeb Classical Library 144, Cambridge/Mass. – London 1993, S. 359 (f); P. Kretschmer, Die griechischen Vaseninschriften ihrer Sprache nach untersucht, Gütersloh 1894, S. 80 Nr. 48; A. H. Shapiro, Correlating Shape and Subject. The Case of the Archaic Pelike, in: J. H. Oakley – W. D. E. Coulson – O. Palagia (Hrsg.), Athenian Potters and Painters, Oxford 1997, S. 64; E. Walter-Karydi, When the Athenians liked to chat, in: P. Valavanis – E. Manakidou (Hrsg.), Essays on Greek Pottery and Iconography in Honour of Professor M. Tiverios, Thessaloniki 2014, S. 196. *Alltagsszenen auf Peliken*: Shapiro ebenda. *Agora*: s. Nr. 3. *Bepflanzung*: M. Carroll-

Spillecke, ΚΗΠΟΣ. Der antike griechische Garten, Wohnen in der Klassischen Polis Band 3, München 1989, S. 28 ff.; M. Lang, Garden Lore of Ancient Athens, Princeton 1963. – **21 »Eine Schwalbe ...«**: J. D. Beazley, Attic Red-Figure Vase-Painters, Oxford 1963, S. 1594 Nr. 48 (»Might be counted as belonging to the Pioneer Group"); Beazley Archiv Oxford Database Nr. 275006 (http://www.beazley.ox.ac.uk); M. Guarducci, L'Epigrafia Greca dalle origini al Tardo Impero, Rom 1987, S. 437; P. Kretschmer, Die griechischen Vaseninschriften ihrer Sprache nach untersucht, Gütersloh 1894, S. 91 Nr. 66; G. Pfohl, Griechische Inschriften als Zeugnisse privaten und öffentlichen Lebens, Sammlung Tusculum, 2. Auflage München 1980, S. 162 f. Nr. 154; E. Walter-Karydi, When the Athenians liked to chat, in: P. Valavanis – E. Manakidou (Hrsg.), Essays on Greek Pottery and Iconography in Honour of Professor M. Tiverios, Thessaloniki 2014, S. 191 f. *Schwalbe*: O. Keller, Die antike Tierwelt, Band 2, Leipzig 1913, S. 114 ff. *Schwalbenumzug*: Athenaios, Deipnosophistai 8, 360 b; vgl. D. A. Campbell, Greek Lyric Band 5. The New School of Poetry and Anonymous Songs and Hymns, Loeb Classical Library 144, Cambridge/Mass. – London 1993, S. 233 f.; W. Burkert, Vom Nachtigallenmythos zum »Machandelboom", in: F. Graf (Hrsg.), Walter Burkert. Kleine Schriften Band 4. Mythica, Ritualia, Religiosa Band 1, Göttingen 2011, S. 115 ff., bes. S. 125 (volkskundliche Parallelen); Keller ebenda, S. 114 f.; G. Pfohl, Griechische Inschriften als Zeugnisse privaten und öffentlichen Lebens, Sammlung Tusculum, 2. Auflage München 1980, S. 162; H. Rühfel, Kinderleben im klassischen Athen, Mainz 1984, S. 79 f.

Klassik

22 Eine Schulszene: J. D. Beazley, Attic Red-Figure Vase-Painters, Oxford 1963, S. 431 Nr. 48; J. D. Beazley, Hymn to Hermes, in: American Journal of Archaeology 52, 1948, S. 337 f. Nr. 2; D. A. Campbell, Greek Lyric Band 5. The New School of Poetry and anonymous Songs and Hymns, Loeb Classical Library 144, Cambridge/Mass. – London 1993, S. 359 (e); J. Neils – J. H. Oakley (Hrsg.), Coming of Age in Ancient Greece. Images of Childhood from the Classical Past, New Haven – London 2003, S. 244 ff. Nr. 44; D. Buitron-Oliver, Douris, Kerameus Band 9, Mainz 1995, S. 45 (Inschrift). 78 Nr. 88; M. Guarducci, L'Epigrafia Greca Band 3, Rom 1974, S. 470; P. Kretschmer, Die griechischen Vaseninschriften ihrer Sprache nach untersucht, Gütersloh 1894, S. 104 ff. Nr. 87; H. Rühfel, Kinderleben im klassischen Athen, Mainz 1984, S. 34 f. 50 f. *Schulszenen*: Vgl. Neils – Oakley ebenda; Rühfel ebenda. *Buchrollen*: H. Blanck, Das Buch in der Antike, München 1992, S. 75 ff. Auf Vasenbildern: H. A. Immerwahr, Book Rolls on Attic Vases, in: C. Henderson (Hrsg.), Classical, Mediaeval, and Renaissance Studies in Honour of B. L. Ullman, Rom 1964 Band 1, S. 17 ff.; H. A. Immerwahr, More Book Rolls on Attic Vases, in: Antike Kunst 16, 1973, S. 143 ff. *Liedtexte auf Vasenbildern*: Vgl. E. Walter-Karydi, When the Athenians liked to chat, in: P. Valavanis – E. Manakidou (Hrsg.), Essays on Greek Pottery and Iconography in Honour of Professor M. Tiverios, Thessaloniki 2014, S. 191 ff. – **23 Der philosophische Schuster**: M. Lang, Graffiti and Dipinti, The Athenian Agora. Results of Excavations conducted by The American School of Classical Studies at Athens Band 21, Princeton 1976, S. 36 F 86; M. L. Lang, Socrates in the Agora, Excavations of the Athenian Agora Picture Book 17, Princeton 1978, Abb. 13. *Simon als Gesprächspartner des Sokrates*: Diogenes Laërtios, *Philosophenviten* 2, 122 f.; vgl. M. Erler, in: B. Zimmermann – A. Rengakos (Hrsg.), Handbuch der griechischen Literatur der Antike. Zweiter Band. Die Literatur der klassischen und hellenistischen Zeit, Handbuch der Altertumswissenschaft VII.2, München 2014, S. 282. 296; Lang 1978, zu Abb. 12 f. – **24 Liebespaar in Ägypten**: J. D. Beazley, Some Inscriptions on Vases , in: American Journal of Archaeology 31, 1927, S. 352 f. (mit Vergleich); C. C. Edgar, The Inscribed and Painted Pottery, in: The Annual of the British School at Athens 5, 1898/9, S. 56 f. Nr. 115; P. A. Hansen, Carmina Epigraphica Graeca Saeculi IV a. Chr. n., Texte und Kommentare Band 15, Berlin – New York 1989, S. 295 Nr. 900; A. W. Johnston, in: A. Villing – U. Schlotzhauer (Hrsg.), Naukratis. Greek Diversity in Egypt, London 2006, S. 44 ff. *Naukratis*: J. Boardman, The Greeks Overseas. Their Early Colonies and Trade, 4. Auflage London 1999, S. 118 ff.; A. Villing – U. Schlotzhauer (Hrsg.), Naukratis. Greek Diversity in Egypt, London 2006. – **25 Leidvolle Lehrlingszeit**: D. Jordan, A Personal Letter Found in the Athenian Agora, in: Hesperia 69, 2000, S. 91 ff.; M. Steinhart, Die Kunst der Nachahmung. Darstellungen mimetischer Vorführungen in der griechischen Bildkunst archaischer und klassischer Zeit, Mainz 2004, S. 49. – **26 Verehrungsstätte für einen Dichter**: V. Barlou, Die archaische Bildhauerkunst von Paros, Wiesbaden 2014, S. 184 S12 (Kapitell und Inschrift); D. Damaskos, in: Thesaurus Cultus et Rituum Antiquorum, Los Angeles Band 2, Los Angeles 2004, S. 155 Nr. 161; D. E. Gerber, Greek Iambic Poetry, Loeb Classical Library 259, Cambridge/Mass. – London 1999, S. 15 Nr. 2; M. Guarducci, L'Epigrafia Greca Band 3, Rom 1974, S. 183 ff.; P. A. Hansen, Carmina Epigraphica Graeca Saeculi IV a. Chr. n., Texte und Kommentare Band 15, Berlin – New York 1989, S. 129 f. Nr. 674; F. Zapheiropoulou, Paros, Athen 1998, S. 76. *Archilochos*: H. Fränkel, Dichtung und Philosophie des frühen Griechentums, 4. Auflage München 1993, S. 147 ff.; B. Zimmermann, Archilochos, in: B. Zimmermann (Hrsg.), Handbuch der griechischen Literatur der Antike. Erster Band. Die Literatur der archaischen und klassischen Zeit, Handbuch der Altertumswissenschaft VII.1, München 2011, S. 138 ff.; *Testimonien und Gedichte*: Gerber ebenda, S. 14 ff.; R. Nickel, Archilochos, Gedichte, Sammlung Tusculum, Düsseldorf – Zürich 2003. *Schild*: Vgl. Gerber ebenda, 80 ff. Nr. 5; Nickel ebenda, S. 12. *Lykambes*: Vgl. Gerber ebenda, S. 46 ff.; Nickel ebenda, S. 34 ff. *Fabel*: Gerber ebenda, S. 184 ff. Nr. 172 ff.; Nickel ebenda, S. 136 ff. *Sexualität*: Vgl. Gerber ebenda, S. 159. 210; Nickel ebenda, S. 154 f. *Horaz*: Epistel 1, 19, V. 23–31 (Gerber ebenda, S. 52 ff. Nr. 27). *Mnesiepes*: Gerber ebenda, S. 17 ff. Nr. 3; Carl Werner Müller, Die Legende von der Erwählung des Dichters Archilochos, in: Fabula 33, 1992, S. 102–107; St. Schorn, Die Archilochosinschriften des Mnesiepes und des Sosthenes/Demeas, in: B. Zimmermann – A. Rengakos (Hrsg.), Handbuch der griechischen Literatur der Antike. Zweiter Band. Die Literatur der klassischen und hellenistischen Zeit, Handbuch der Altertumswissenschaft VII.2, München 2014, S. 712 ff. *Musenbegegnung*: Gerber ebenda, S. 17 ff. Nr. 3. *Vasenbild*: Attisch weißgrundige Pyxis Boston, Museum of Fine Arts 98.887. J. D. Beazley, Attic Red-Figure Vase-Painters, Oxford 1963, S. 774 Nr. 1. *Deutung*: Beazley ebenda; N. Himmelmann, Zur Eigenart des klassischen Götterbildes, München 1959, S. 16 f.; K. Schefold, Die Bildnisse der antiken Dichter, Redner und Denker, 2. Auflage Basel 1997, S. 110 f. *Paros*: Vgl. hier Nr. 13. – **27 Der Becher des Phidias**: K. Hallof – J. Raeder – B. Seidensticker, Phidias, in: S. Kansteiner u. a. (Hrsg.), Der Neue Overbeck. Die antiken Schriftquellen zu den bildenden Künstlern der Griechen Band 2, Berlin – Boston 2014, S. 119 DNO 841 m. Lit.; H. A. Immerwahr, Attic Script, Oxford 1990. S. 139 Nr. 948; W. Schiering, Kännchen des Phidias, in: A. Mallwitz – H.-V. Herrmann (Hrsg.), Die Funde aus Olympia, Athen 1980, S. 185 f. Nr. 133; G. Pfohl, Griechische Inschriften als Zeugnisse privaten und öffentlichen Lebens, Sammlung Tusculum, 2. Auflage München 1980, S. 158 Nr. 146; *Phidias*: s. Hallof – Raeder – Seidensticker ebenda. – **28 Eine Statue Polyklets**: W. Dittenberger – K. Purgold, Die Inschriften von Olympia, E. Curtius – F. Adler (Hrsg.), Olympia. Die Ergebnisse der von dem Deutschen Reich veranstalteten Ausgrabung, Band 5, Berlin 1896, S. 282 f. Nr. 162; K. Hallof – S. Kansteiner – B. Seidensticker, Polyklet, in: S. Kansteiner u. a. (Hrsg.), Der Neue Overbeck. Die antiken Schriftquellen zu den bildenden Künstlern der Griechen Band 2, Berlin – Boston 2014, S. 475 ff. Nr. 8; L. H. Jeffery, The Local Scripts of Archaic Greece. Revised Edition with a supplement by A. H. Johnston, Oxford 1990, 170 Nr. 45; F. Klauser, Das Siegerstandbild des elischen Fünfkämpfers Pythokles im Wandel der Zeit – eine Neubewertung, in: R. von den Hoff – F. Queyrel – É. Perrin-Saminadayar (Hrsg.), Eikones. Portriats en contexte. Recherches nouvelles sur les portraits grecs du Ve au Ier s. av. J.-C., Montpellier 2016, S. 249–269. Pausanias, *Beschreibung Griechenlands* 6, 7, 10 (vgl. S. Kansteiner u. a. (Hrsg.), Der Neue Overbeck. Die antiken Schriftquellen zu den bildenden Künstlern der Griechen Band 2, Berlin – Boston 2014, S. 475 f. DNO 1233); vgl. Pausanias, Description de la Grèce, Livre VI, L'Élide (II), Texte établi par M. Casevitz, traduit par J. Pouilloux (†), commenté par A. Jacquemin, Collection des Universités de France publiée sous le patronage de l'Association Guillaume Budé, Paris 2002, S. 147. *Basis Rom*: E. La Rocca, La nuova immagine dei Fori Imperiali, in: Mitteilungen des Deutschen Archäologischen Instituts, Römische Abteilung 108, 2001, S. 196 f. Abb. 18; Hallof –Kansteiner – Seidensticker ebenda, S. 476 f. *Polyklet*: Herbert Beck – Peter C. Bol – Maraike Bückling (Hrsg.), Polyklet. Der Bildhauer der griechischen Klassik, Ausstellungskatalog Frankfurt/Main 1990, Mainz 1990; Hallof – Kansteiner – Seidensticker ebenda, S. 455 ff. *Kanon*: Vgl. M. Steinhart, Kunstliteratur, in: B. Zimmermann – A. Rengakos (Hrsg.),

Handbuch der griechischen Literatur der Antike. Dritter Band. Die griechische Literatur der Kaiserzeit und Spätantike, Handbuch der Altertumswissenschaft VII.3, München 2018 (im Druck). *Fünfkampf*: W. Decker, Sport in der griechischen Antike, München 1995, S. 93 ff. – **29 Preisliste für Feinkeramik**: Beazley Archive Database Nr. 9401; J. Boardman, The History of Greek Vases, London 2001, S. 157; A. W. Johnston, Lists of Contents. Attic Vases, in: American Journal of Archaeology 82, 1978, S. 222 ff.; I. Scheibler, Griechische Töpferkunst, München 1995, S. 147. *Gefäßformen*: Vgl. Boardman ebenda; die antiken Bennenungen werden zusammengestellt in: P. Radici Colace (Hrsg.), Lexicon Vasorum Graecorum, Pisa. *Tagegelder*: Vgl. J. Bleicken, Die athenische Demokratie, 4. Auflage Paderborn 1995, bes. S. 329 ff. – **30 Großmutter und Enkelkind**: J. Boardman, Greek Sculpture. The Classical Period, London 1991, Abb. 150; T. Christian, Gebildete Steine. Zur Rezeption literarischer Techniken in den Versinschriften seit dem Hellenismus, Hypomnemata Band 197, Göttingen 2015, S. 233 f.; P. A. Hansen, Carmina Epigraphica Graeca saeculorum VIII–V a. Chr. n., Texte und Kommentare Band 12, Berlin – New York 1983, S. 52 Nr. 89; G. Pfohl, Griechische Inschriften als Zeugnisse privaten und öffentlichen Lebens, Sammlung Tusculum, 2. Auflage München 1980, S. 16 f. Nr. 10. Zu φθίω vgl. M. Steinhart, Phthian Achilles, in: Classical Quarterly 57, 2007, S. 283 f. *Kerameikosnekropole und Grabbezirk*: U. Knigge, Der Kerameikos von Athen, Athen 1988, S. 140 Nr. 39a (Grabbezirk); J. Stroszeck, Der Kerameikos in Athen, Möhnesee 2014, S. 235 f. (Grabbezirk). – **31 Ein phönizischer Seefahrer**: B. Bäbler, Fleißige Thrakerinnen und wehrhafte Skythen. Nichtgriechen im klassischen Athen und ihre archäologische Hinterlassenschaft, Beiträge zur Altertumskunde Band 108, Stuttgart – Leipzig 1998, S. 131 ff. 240 f. Nr. 51; T. Christian, Gebildete Steine. Zur Rezeption literarischer Techniken in den Versinschriften seit dem Hellenismus, Hypomnemata Band 197, Göttingen 2015, S. 234 f.; P. A. Hansen, Carmina Epigraphica Graeca Saeculi IV a. Chr. n., Texte und Kommentare Band 15, Berlin – New York 1989, S. 85 f. Nr. 596; T. Hölscher – P. von Möllendorff, »Niemand wundere sich, sieht er dies Bild!«. Bild und Text auf der Grabstele des Antipatros von Askalon, in: Poetica 2008, S. 289 ff. (u. a. Widerlegung der Thesen von J. M. S. Stager, »Let no one wonder at this Image«. A Phoenician Funerary Stele at Athens, in: Hesperia 74, 2005, S. 427 ff.); N. Kaltsas, Sculpture in the National Archaeological Museum, Athens, Los Angeles 2002, S. 190 Nr. 376. *Kerameikos*: s. Nr. 30. *Inschrift keine Erläuterung des Bildes*: Hölscher – P. von Möllendorff ebenda, S. 332 f. *Phönizier in Athen*: Bäbler ebenda, S. 115 ff. – **32 Zwiegespräch mit einer Weihung**: T. Christian, Gebildete Steine. Zur Rezeption literarischer Techniken in den Versinschriften seit dem Hellenismus, Hypomnemata Band 197, Göttingen 2015, S. 53 f.; P. A. Hansen, Carmina Epigraphica Graeca saeculorum VIII–V a. Chr. n., Texte und Kommentare Band 12, Berlin – New York 1983, S. 236 Nr. 429 (mit Ergänzung von V. 2 wie hier nach Wilamowitz; L. H. Jeffery, The Local Scripts of Archaic Greece. Revised Edition with a supplement by A. H. Johnston, Oxford 1990, S. 358 Nr. 40; M. L. Lazzarini, Le formule delle dediche votive nella Grecia arcaica, in: Atti della Accademia Nazionale dei Lincei Band 19, 1976, S. 273 Nr. 688; A. Maiuri, Viaggio di Esplorazione in Caria. Parte III. Iscrizioni, in: Annuario della Scuola Archeologica di Atene 4/5, 1921/22, S. 461 f. Nr. 1; R. Merkelbach – J. Stauber (Hrsg.), Steinepigramme aus dem griechischen Osten Band 1. Die Westküste Kleinasiens von Knidos bis Ilion, München – Leipzig 1998, S. 47 Nr. 01 / 12 / 05 (mit Ergänzung von V. 2 nach Maiuri: *me keleueis*); D. Meyer, Inszeniertes Lesevergnügen. Das inschriftliche Epigramm und seine Rezeption bei Kallimachos, Hermes Einzelschriften Band 93, Stuttgart 2005, S. 84 f.; U. von Wilamowitz-Moellendorff – G. Karo, Aus Halikarnassos, in: Mitteilungen des Deutschen Archäologischen Institutes, Athenische Abteilung 45, 1920, S. 157 ff. *Panamyes*: Vgl. L. H. Jeffery, The Local Scripts of Archaic Greece. Revised Edition with a supplement by A. H. Johnston, Oxford 1990, S. 358 Nr. 42; Merkelbach – Stauber ebenda. *Tradition der Formulierung*: vgl. Christian ebenda, S. 54 (Verweis auf Homer); P. A. Hansen, Carmina Epigraphica Graeca saeculorum VIII–V a. Chr. n., Texte und Kommentare Band 12, Berlin – New York 1983, S. 154 f. Nr. 286; Meyer ebenda. *Herodot*: A. Rengakos, Herodot, in: B. Zimmermann (Hrsg.), Handbuch der griechischen Literatur der Antike. Erster Band. Die Literatur der archaischen und klassischen Zeit, Handbuch der Altertumswissenschaft VII.1, München 2011, S. 338 ff. – **33 Ein Diener der Aphrodite**: T. Christian, Gebildete Steine. Zur Rezeption literarischer Techniken in den Versinschriften seit dem Hellenismus, Hypomnemata Band 197, Göttingen 2015, S. 243 f.;

J.-Cl. Decourt, Inscriptions Grecques de la France, Travaux de la Maison de l'Orient et de la Méditerranée – Jean Pouilloux Band 38, Lyon – Paris 2004, S. 104 ff. Nr. 84; E. Delaval – R. Thernot, Aux origines d'Antibes, Mailand 2013, S. 17 f.; R. Dor de la Souchère, Travaux pour servir a l'histoire d'Antibes, Antibes 1988, S. 41 ff.; P. A. Hansen, Carmina Epigraphica Graeca saeculorum VIII–V a. Chr. n., Texte und Kommentare Band 12, Berlin – New York 1983, S. 219 Nr. 400; L. H. Jeffery, The Local Scripts of Archaic Greece. Revised Edition with a supplement by A. H. Johnston, Oxford 1990, S. 288 Nr. 3; V. Lambrinudakis in Zusammenarbeit mit Z. Sgouleta, in: Thesaurus Cultus et Rituum Antiquorum Band 3, Los Angeles 2005, S. 320 Nr. 77; M. L. Lazzarini, Le formule delle dediche votive nella Grecia arcaica, in: Atti della Accademia Nazionale dei Lincei Band 19, 1976, S. 132 f. Nr. 790. *Terpon*: A. Kossatz-Deißmann, Satyr- und Mänadennamen auf Vasenbildern des Getty-Museums und der Sammlung Cahn (Basel), mit Addenda zu Charlotte Fränkel, Satyr- und Bakchennamen auf Vasenbildern (Halle, 1912), in: Greek Vases in the J. Paul Getty Museum Band 5, Malibu 1991, S. 173 f. *Steine*: M. Gaifman, Aniconism in Greek Antiquity, Oxford 2012; Lambrinudakis – Sgouleta ebenda, S. 316 ff.; M. P. Nilsson, Geschichte der griechischen Religion, Handbuch der Altertumswissenschaft Band 5, 2, 1, 3. Auflage München 1967, S. 525 f. *Antibes, Phokäer in Südfrankreich*: Vgl. Delaval – Thernot, ebenda; B. Blistene – R. May (Hrsg.), Voyage en Massalie. 100 ans d'archéologie en Gaule du Sud, Ausstellungskatalog Marseille 1990; J. Boardman, The Greeks Overseas. Their Early Colonies and Trade, 4. Auflage London 1999, S. 216 ff.; E. Langlotz, Die kulturelle und künstlerische Hellenisierung der Küsten des Mittelmeers durch die Stadt Phokaia, Arbeitsgemeinschaft für Forschung des Landes Nordrhein-Westfalen, Geisteswissenschaften, Heft 130, Köln – Opladen 1966. – **34 Frauensieg in Olympia**: K. Brodersen – W. Günther – H. H. Schmitt, Historische griechische Inschriften in Übersetzung, Darmstadt 2011, S. 3 Nr. 201; W. Dittenberger – K. Purgold, Die Inschriften von Olympia, E. Curtius – F. Adler (Hrsg.), Olympia. Die Ergebnisse der von dem Deutschen Reich veranstalteten Ausgrabung, Band 5, Berlin 1896, S. 278 f. Nr. 160 (Faksimile nach P. A. Hansen, Carmina Epigraphica Graeca Saeculi IV a. Chr. n., Texte und Kommentare Band 15, Berlin – New York 1989, S. 228 f. Nr. 820 fehlerhaft); A. Furtwängler, Inschriften aus Olympia, in: Archäologische Zeitung 37, 1879, S. 151 ff.; K. Hallof – S. Kansteiner, in: S. Kansteiner u. a. (Hrsg.), Der Neue Overbeck. Die antiken Schriftquellen zu den bildenden Künstlern der Griechen Band 2, Berlin – Boston 2014, S. 608 f. DNO 1398; P. A. Hansen, Carmina Epigraphica Graeca Saeculi IV a. Chr. n., Texte und Kommentare Band 15, Berlin – New York 1989, S. 228 f. Nr. 820. *Anthologia Graeca* 13,16 (vgl. H. Beckby, Anthologia Graeca Band 4, Sammlung Tusculum, 2. Auflage München o. J., S. 158 f.). Pausanias, *Beschreibung Griechenlands* 6, 1, 6; vgl. Pausanias, Description de la Grèce, Livre VI, L'Élide (II), Texte établi par M. Casevitz, traduit par J. Pouilloux (†), commenté par A. Jacquemin, Collection des Universités de France publiée sous le patronage de l'Association Guillaume Budé, Paris 2002, S. 88 f. *Weitere Weihung der Kyniska*: Pausanias *Beschreibung Griechenlands* 5, 12, 5; vgl. Pausanias, Description de la Grèce, Livre V, L'Élide (I), Texte établi par M. Casevitz, traduit par J. Pouilloux (†), commenté par A. Jacquemin, Collection des Universités de France publiée sous le patronage de l'Association Guillaume Budé, Paris 2002, S. 168. *Frauen in Sparta*: M. Steinhart, Literate and Wealthy Women in Archaic Greece: Some Thoughts on the «Telesstas" Hydria, in: Eric Csapo – Margaret C. Miller (Hrsg.), Poetry, Theory, Praxis. The Social Life of Myth, Word, and Image in Ancient Greece. Essays in Honour of William J. Slater, Oxford 2003, S. 204 ff. *Sieg mit Viergespann*: W. Decker, Sport in der griechischen Antike, München 1995, S. 105 ff. – *Apelleas*: K. Hallof – S. Kansteiner, Apelleas, in: S. Kansteiner u. a. (Hrsg.), Der Neue Overbeck. Die antiken Schriftquellen zu den bildenden Künstlern der Griechen Band 2, Berlin – Boston 2014, S. 607 ff. Plinius 34,86 (Hallof – Kansteiner ebenda, S. 607 Nr. 1). – **35 Musisches Siegesmonument**: M. Guarducci, L'Epigrafia Greca dalle origini al Tardo Impero, Rom 1987, S. 281; J. Stuart – N. Revett, The Antiquities of Athens Band 1, London 1762, Kap. 4; J. Travlos, Bildlexikon zur Topographie des antiken Athen, Tübingen 1971, S. 348 ff. *Fries*: W. Ehrhardt, Der Fries des Lysikratesmonuments, in: Antike Plastik 22, München 1993, S. 7 ff.; K. Schefold, Die Göttersage in der klassischen und hellenistischen Kunst, München 1981, S. 187. *Chorwettbewerbe*: Vgl. S. Moraw – E. Nölle (Hrsg.), Geburt des Theaters in der griechischen Antike, Ausstellungskatalog München 2002, Mainz 2002. – **36 Wein, Musik und Erotik**: J. D. Beazley,

Attic Red-Figure Vase-Painters, Oxford 1963, S. 339 Nr. 49. S. 343 Nr. 41 (mit Ergänzung αὐ[ῶν]); Beazley Archiv Oxford Database Nr. 203407 (http://www.beazley.ox.ac.uk); N. Eschbach, Corpus Vasorum Antiquorum Göttingen Band 4 (Deutschland Band 92) zu Taf. 39, 1–6; P. Hartwig, Die griechischen Meisterschalen der Blüthezeit des strengen rotfigurigen Stils, Stuttgart 1893, S. 255 f. Anm. 2; F. Lissarrague, Around the *Krater*. An Aspect of Banquet Imagery, in: O. Murray, (Hrsg.), Sympotica, A Symposium on the *Symposion*, Oxford, 1990, S. 199 ff.; N. Eschbach – D. Graepler, Von der Stilprobe zum Meisterwerk. Zu den Fragmenten griechischer Keramik in den Universitätssammlungen des späten 19. und frühen 20. Jahrhunderts, in: St. Schmidt – M. Steinhart (Hrsg.), Sammeln und Erforschen – Griechische Vasen in neuzeitlichen Sammlungen, Akten des Kolloquiums München 7.–9.11.2012, P. Zanker (Hrsg.), Beihefte zum Corpus Vasorum Antiquorum Deutschland Band 6, München 2014, S. 129; E. Walter-Karydi, When the Athenians liked to chat, in: P. Valavanis – E. Manakidou (Hrsg.), Essays on Greek Pottery and Iconography in Honour of Professor M. Tiverios, Thessaloniki 2014, S. 201). Lyrik: Theognis 1065. *Kalos-Inschriften und Homoerotik in Athen*: C. Reinsberg, Ehe, Hetärentum und Knabenliebe im antiken Griechenland, München 1989, S. 163 ff. – 37 **Herr und Hund**: Beazley Archive Database Nr. 9023767; O. Keller, Die antike Tierwelt Band 1, Leipzig 1909, S. 93; P. Kretschmer, Die griechischen Vaseninschriften ihrer Sprache nach untersucht, Gütersloh 1894, S. 88 f. Nr. 60; M. B. Moore, The Hegesiboulos Cup, in: Metropolitan Museum Journal 43, 2008, S. 16. *Melitaier*: Keller ebenda, S. 91 ff.; Moore, ebenda; M. Steinhart – F. Hoffmann, Tiere vom Nil. Karl-Theodor Zauzich (Hrsg.), Ägyptische Terrakotten in Würzburg (Schenkung Gütte) Heft 1, Wiesbaden 2001, S. 44 ff. *Etrusker und griechische Vasen*: Vgl. Chr. Reusser, Vasen für Etrurien. Verbreitung und Funktionen attischer Keramik im Etrurien des 6. Und 5. Jahrhunderts v. Chr., Kilchberg 2002.

Hellenismus

38 **Die Sieben Weisen in Afghanistan**: P. Cambon, Das Temenos des Kineas, in: P. Cambon – P. Bernard (Hrsg.), Gerettete Schätze. Afghani-

stan – Die Sammlung des Nationalmuseums in Kabul, Ausstellungskatalog Bonn 2010, S. 144 f. Nr. 29 f.; R. Merkelbach – J. Stauber (Hrsg.), Steinepigramme aus dem griechischen Osten Band 3. Der »Ferne Osten« und das Landesinnere bis zum Tauros, München – Leipzig 2001, S. 6 f. Nr. 12 / 01 / 01; L. Robert, Opera Minora Selecta. Épigraphie et Antiquités Grecques Band 5, Amsterdam 1968, S. 515 ff. *Afghanistan im Hellenismus*: P. Cambon – P. Bernard (Hrsg.), Gerettete Schätze. Afghanistan – Die Sammlung des Nationalmuseums in Kabul, Ausstellungskatalog Bonn 2010. *Sieben Weise*: B. Snell, Leben und Meinungen der Sieben Weisen, Sammlung Tusculum, 4. Auflage München 1971; G. M. A. Richter, The Portraits of the Greeks, Oxford 1984, S. 196 ff.; K. Schefold, Die Bildnisse der antiken Dichter, Redner und Denker, 2. Auflage Basel 1997, passim; B. Zimmermann (Hrsg.), Handbuch der griechischen Literatur der Antike. Erster Band. Die Literatur der archaischen und klassischen Zeit, Handbuch der Altertumswissenschaft VII.1, München 2011, passim. – **39 Ein Immobilienverkauf**: F. Cordano, Camarina, 7. Alcuni documenti iscritti importanti per la storia della città, in: Bolletino d'Arte 26, 1984, S. 34 ff. (mit der Ergänzung Δ[αμόσιοι] Φ[ραδατῆρες); L. Dubois, Inscriptions grecques dialectales de Sicile, Collection de L'École Française de Rome Band 119, Rom 1989, S. 131 ff. Nr. 124; O. Tribulato, Language and Linguistic Contact in Ancient Sicily, Cambridge 2012, S. 240 f. *Kamarina*: D. Mertens, Städte und Bauten der Westgriechen, München 2006, S. 351 ff. *Phratrien*: Mertens ebenda, S. 354. *Heraios*: Dubois ebenda, S. 133. *Kaufverträge*: Vgl. L. Dubois, Inscriptions grecques dialectales de Sicile Band 2, École Pratique des Hautes Études, Sciences Historiques et Philologiques, III. Hautes Études du Monde Gréco-Romain Band 40, Genf 2008, S. 50 ff. 110 ff. – **40 Der Schutz des Herakles**: M. Guarducci, L'Epigrafia Greca dalle origini al Tardo Impero, Rom 1987, S. 360; P. Orlandini, Gela. Topografia dei santuari e documentazione archeologica di Gela, in: Rivista dell'Istituto Nazionale d'Archeologia e Storia dell'Arte n. s. 15, 1968, S. 55 f.; P. Orlandini, Attività della Soprintendeza di Agrigento, in: Kokalos 14 f., 1968 f., S. 330 f. *Gorgoneion*: Vgl. Lexicon Iconographicum Mythologiae Classicae Band 4, München – Zürich 1990, S. 285 ff. 345 ff. *Herakles Alexikakos und Haus*: W. Burkert, Griechische Religion der archaischen und klassischen Epoche, 2. Auflage Stuttgart 2011, S. 323; W. Burkert, Héraclès et les animaux. Perspectives préhistoriques et pressions historiques, in: E. Krummen (Hrsg.), Walter Burkert. Kleine Schriften Band 6. Mythica, Ritualia, Religiosa Band 3, Göttingen 2011, S. 76; M. P. Nilsson, Geschichte der griechischen Religion, Handbuch der Altertumswissenschaft Band 5, 2, 1, 3. Auflage München 1967, S. 544; G. Pfohl, Griechische Inschriften als Zeugnisse privaten und öffentlichen Lebens, Sammlung Tusculum, 2. Auflage München 1980, S. 156 Nr. 142 mit Zitat der christlichen Formulierung. *Diogenes*: Vgl. Guarducci ebenda, S. 360. – **41 Stelldichein auf dem Friedhof**: R. Merkelbach – J. Stauber (Hrsg.), Steinepigramme aus dem griechischen Osten Band 4. Die Südküste Kleinasiens. Syrien und Palästina, München – Leipzig 2002, S. 327 f. Nr. 21 / 09 / 01 (Z. 2: θοιμάτιον. Z. 4: νεύμασι κεῖται); J. P. Peters – H. Thiersch, Painted Tombs in the Necropolis of Marissa, ed. By S. A. Cook, London 1905, S. 15 ff. (Grab I). S. 56 f. Nr. 33 (Inschrift); U. von Wilamowitz-Moellendorff, Griechische Verskunst, Berlin 1921, S. 344 f. (Z. 2: τὸ ἱμάτιον. Z. 4: νεῦμα ἱκνεῖται); J. Hordern, An Erotic Inscription from Marisa, Judäa (I. U. Powell, Collectanea Alexandrina 184), in: Zeitschrift für Papyrologie und Epigraphik 126, 1999, S. 81 f. (Z. 2: θοιμάτιον). Die Rekonstruktion der Abläufe folgt Wilamowitz-Moellendorff ebenda, anders Merkelbach – Stauber ebenda. *Friedhöfe als erotischer Treffpunkt*: Vgl. Merkelbach – Stauber ebenda, S. 327. *Gräber von Marissa*: H.-P. Kuhnen, Palästina in griechisch-römischer Zeit, Handbuch der Archäologie, München 1990, S. 73 f. – **42 Trau, schau, wem**: Nr. 42: F. Hiller von Gaertringen, Inschriften von Priene, Berlin 1906, S. 315; R. Merkelbach – W. Blümel (Hrsg.), Inschriften von Priene, Inschriften griechischer Städte aus Kleinasien Band 69, Bonn 2014, S. 454 f. Nr. 307. – **43 Das Orakel und die Eifersucht**: M. Guarducci L'Epigrafia Greca Band 4, Rom 1978, S. 85 f.; C. Carapanos, Dodone et ses ruines, Paris 1878, S. 72 Nr. 11; É. Lhôte, Les Lamelles Oraculaires de Dodona, École Pratique des Hautes Études, IVe section, Sciences Historiques et Philologiques, III. Hautes Études du Monde Gréco-Romain Band 36, Genf 2006, S. 119 ff. Nr. 49. *Eheleben*: C. Reinsberg, Ehe, Hetärentum und Knabenliebe im antiken Griechenland, München 1989, S. 12 ff. *Vorehelicher Geschlechtsverkehr*: Vgl. Reinsberg ebenda, S. 22 f. S. 36 ff. *Dodona*: W. Burkert, Divination, in: Thesaurus Cultus et Rituum Antiquorum Band 3, Los Angeles 2005, S. 31 f.; G. Gruben, Griechische Tempel und Heiligtümer, 5. Auflage München 2001, S. 116 ff. *Bäume und Heiligtümer*: Vgl. H. Bumke, Griechische Gärten im sakralen Kontext, in: K. Sporn – S. Ladstätter – M. Kerschner (Hrsg.), Natur – Kult – Raum. Akten des internationalen Kolloquiums Paris-Lodron-Universität Salzburg, 20.–22. Jänner 2012, Wien 2015, S. 45 ff. *Orakel auf Bleitäfelchen*: Burkert ebenda, S. 32 Nr. 272; Dakaris – Vokotopoulou – Christidis ebenda; Lhôte ebenda. – **44 Graffiti, Graffiti, Graffiti**: M. Guarducci, L'Epigrafia Greca Band 3, Rom 1974, S. 368 f.; F. Hiller von Gaertringen, Inschriften von Priene, Berlin 1906, S. 161 ff. Nr. 313; R. Merkelbach – W. Blümel (Hrsg.), Inschriften von Priene, Inschriften griechischer Städte aus Kleinasien Band 69, Bonn 2014, S. 480 ff. Nr. 354 (auch mit Lit. zum Gymnasium). *Bildliche Graffiti*: M. Langner, Antike Graffitizeichnungen, Palilia Band 11, Wiesbaden 2001. – **45 Ein Gott für die Bürger**: S. Kansteiner – S. Prignitz, in: S. Kansteiner u. a. (Hrsg.), Der Neue Overbeck. Die antiken Schriftquellen zu den bildenden Künstlern der Griechen Band 4, Berlin – Boston 2014, S. 437 f. DNO 3235; O. Kern, II. Hermes Tychon, in: Mitteilungen des Deutschen Archäologischen Institutes, Athenische Abteilung 19, 1894, S. 54 ff.; O. Kern, Inschriften von Magnesia, Berlin 1900, S. 136 Nr. 203; O. Kern, Meine Lehrer. Erinnerungen. Herausgegeben und kommentiert von Michael Hillgruber, Hildesheim 2008, S. 131 f.; R. Merkelbach – J. Stauber (Hrsg.), Steinepigramme aus dem griechischen Osten Band 1. Die Westküste Kleinasiens von Knidos bis Ilion, München – Leipzig 1998, S. 192 Nr. 02 / 01 / 03; B. Rückert, Die Herme im öffentlichen und privaten Leben der Griechen, Regensburg 1998, S. 233 Nr. II 15; W. Müller, Antilochos, in: R. Vollkommer, Künstlerlexikon der Antike, Band 1, Darmstadt 2001, S. 53. *Hermes Tychon*: Merkelbach – Stauber ebenda, S. 192. *Marmormöbel*: Vgl. D. Andrianou, The Furniture and Furnishings of Ancient Greek Houses and Tombs, Cambridge u. a. 2009. – **46 Antikes Trompe l'œil**: K. M. D. Dunbabin, Mosaics of the Greek and Roman World, Cambridge 1999, S. 28 f.; G. Kawerau – Th. Wiegand, Die Paläste der Hochburg, Altertümer von Pergamon Band 5,1, Berlin – Leipzig 1930, S. 53 ff.; I. Kriseleit, Altes Museum. Pergamonmuseum. Antike Mosaiken, Berlin – Mainz 2000, S. 17 ff. Nr. 5; D. Salzmann, Zu den Mosaiken in den Palästen IV und V von Pergamon, in: Asia Minor Studien 16, 1995, S. 103 ff.; D. Salzmann, in: R. Grüßinger – V. Kästner – A.

Scholl (Hrsg.), Pergamon. Panorama der antiken Metropole, Ausstellungskatalog Berlin 2011, Petersberg 2011, S. 520 f. Nr. 5.43. – *Palast V*: T. Zimmer, Die Basileia – Der Palastbezirk von Pergamon, ebenda S. 144 ff. – **47 Ein Weg zur Unsterblichkeit**: F. Graf – S. I. Johnston (Hrsg.), Ritual Texts for the Afterlife, London 2007, S. 6 Nr. 2 (mit der Lesung τὸ γλως Z. 13); G. Pfohl, Griechische Inschriften als Zeugnisse privaten und öffentlichen Lebens, Sammlung Tusculum, 2. Auflage München 1980, S. 41 f. Nr. 38; F. H. Marshall, Catalogue of the Jewellery, Greek, Etruscan and Roman, in the British Museum, London 1911, S. 380 f. Nr. 3155; G. Pugliese Carratelli, Le Lamine d'Oro Orfiche. Edizione e Commento, Mailand 2001, S. 67 ff. Nr. I A 2; C. Smith, The Petelia Gold Tablet, in: The Journal of Hellenic Studies 3, 1882, S. 111 ff. *Pythagoras und Orphiker*: W. Burkert, Le Laminette Auree: Da Orfeo a Lampone, in: F. Graf (Hrsg.), W. Burkert. Kleine Schriften Band 3. Mystica, Orphica, Pythagorica, Göttingen 2006, S. 21 ff.; W. Burkert, Die neuen orphischen Texte: Fragmente, Varianten, ›Sitz im Leben‹, in: ebenda, S. 47 ff.; M. L. Gemelli Marciano (Hrsg.), Die Vorsokratiker Band 1, Sammlung Tusculum, Düsseldorf 2007, S. 100 ff.; Graf – Johnston ebenda; M. P. Nilsson, Geschichte der griechischen Religion, Handbuch der Altertumswissenschaft Band 5, 2, 1, 3. Auflage München 1967, S. 678 ff.; M. L. West, The Orphic Poems, Oxford 1983. *Unterweltsdarstellungen*: A. Scholl, Hades und Elysion – Bilder des Jenseits in der Grabkunst des klassischen Athen, in: Jahrbuch des Deutschen Archäologischen Instituts 122, 2007, S. 51 ff.; E. Walter-Karydi, Polygnotos' Nekyia or the Athenians and the underworld, in: Myths, Texts, Images. Homeric Epics and Ancient greek Art, Ithaka 2010, S. 209 ff. – **48 Der Dichter im Honig**: O. Benndorf, Grabschrift von Telmessos, in: Festschrift für Theodor Gomperz dargebracht zum Siebzigsten Geburtstage, Wien 1902, S. 403 ff.; R. Merkelbach – J. Stauber (Hrsg.), Steinepigramme aus dem griechischen Osten Band 4. Die Südküste Kleinasiens. Syrien und Palästina, München – Leipzig 2002, S. 12 Nr. 17 / 03 / 01; W. Peek, Griechische Vers-Inschriften Band 1. Die Grabepigramme, Berlin 1955, S. 113 Nr. 455. *Boethos:* Vgl. Benndorf ebenda; Merkelbach – Stauber ebenda. *Honig*: Vgl. Benndorf ebenda. *Als Zeichen von Luxus*: Merkelbach – Stauber ebenda, S. 12. *Pindar*: vita Ambrosiana, s. O. Werner (Hrsg.), Pindar. Siegesgesänge und Fragmente, Sammlung Tusculum, München 1967, S. 496 ff., Honig: S. 496; zum Dichter A. Bagordo, in: B. Zimmermann (Hrsg.), Handbuch der griechischen Literatur der Antike. Erster Band. Die Literatur der archaischen und klassischen Zeit, Handbuch der Altertumswissenschaft VII.1, München 2011, S. 231 ff. *Platon*: Aelian, Bunte Geschichten 10, 21; vgl. F. T. van Straten, Daikrates' Dream. A Votive Relief from Kos, and some other kat' onar Dedications, in: Bulletin Antieke Beschaving 51, 1976, S. 2. – **49 Ein Glöckchen für die Götter**: J. Boardman, in: Thesaurus Cultus et Rituum Antiquorum Band 1, Los Angeles 2004, S. 311 Gr. 191; A. Villing, For whom did the bell toll in Ancient Greece?, in: Annual of the British School at Athens 97, 2002, S. 223 ff.; H. B. Walters, Catalogue of the Bronzes, Greek, Etruscan and Roman, in the British Museum, London 1899, S. 48 Nr. 318. *Kabiren*: W. Burkert, Griechische Religion der archaischen und klassischen Epoche, 2. Auflage Stuttgart 2011, S. 419 ff.; M. P. Nilsson, Geschichte der griechischen Religion, Handbuch der Altertumswissenschaft Band 5, 2, 1, 3. Auflage München 1967, S. 670 ff. *Theben*: W. Burkert, Initiation, in: Thesaurus Cultus et Rituum Antiquorum Band 2, Los Angeles 2004, S. 103; A. Schachter, Cults of Boeotia Band 2, London 1986, S. 66 ff. *Keramik Kabirenheiligtum*: Vgl. D. Walsh, Distorted Ideals in Greek Vase-Painting. The World of Mythological Burlesque, Cambridge u. a. 2009, S. 14 f. – **50 Haaropfer an Poseidon**: J. Boardman, in: Thesaurus Cultus et Rituum Antiquorum, Los Angeles Band 1, Los Angeles 2004, S. 311 Gr. 190; G. Pfohl, Griechische Inschriften als Zeugnisse privaten und öffentlichen Lebens, Sammlung Tusculum, 2. Auflage München 1980, S. 58 Nr. 61; W. H. D. Rouse, Greek Votive Offerings, Cambridge 1902, S. 243; G. Schörner, Votive im römischen Griechenland, Altertumswissenschaftliches Kolloquium Band 7, Wiesbaden 2003, S. 509 Nr. 1089. S. 577 R 98. *Haaropfer*: W. Burkert, Griechische Religion der archaischen und klassischen Epoche, 2. Auflage Stuttgart 2011, S. 112 f.; A. Evans, The Palace of Minos Band 4, London 1935, S. 480; M. P. Nilsson, Geschichte der griechischen Religion, Handbuch der Altertumswissenschaft Band 5, 2, 1, 3. Auflage München 1967, S. 136 ff.; W. H. D. Rouse, Greek Votive Offerings, Cambridge 1902, S. 240 ff. (mit Verweis auf Pausanias). – **51 Dreifuß des Apollon**: P. Amandry, Trépieds d'Athènes I. Dionysies, in: Bulletin de Correspondance Hellénique 100, 1976, S. 33 f.; J. Boardman, in: Thesaurus Cultus et Rituum Antiquorum Band 1, Los Angeles 2004, S. 305 Gr. 157. *Apollon und Dreifuß*: W. H. D. Rouse, Greek Votive Offerings, Cambridge 1902, S. 385 ff. und passim; M. Steinhart, Bemerkungen zu Rekonstruktion, Ikonographie und Inschrift des platäischen Weihgeschenkes, in: Bulletin de Correspondance Hellénique 121, 1997, S. 33 ff.; Thesaurus Cultus et Rituum Antiquorum Band 1, Los Angeles 2004, S. 302 ff. Delphi: Theopomp bei Athenaios, Deipnosophistai 6, 231 F. *Apollon Delphinios*: St. Böhm, Korinthische Figurenvasen. Düfte, Gaben und Symbole, Regensburg 2014, S. 191 f.; W. Burkert, Griechische Religion der archaischen und klassischen Epoche, 2. Auflage Stuttgart 2011, S. 225; F. Graf, Apollon Delphinios, Museum Helveticum 36, 1979, S. 2 ff.; A. Herda, Der Apollon-Delphinios-Kult in Milet und die Neujahrsprozession nach Didyma, Milesische Forschungen Band 4, Mainz 2006; M. P. Nilsson, Geschichte der griechischen Religion, Handbuch der Altertumswissenschaft Band 5, 2, 1, 3. Auflage München 1967, S. 554 f. – **52 Die *Iphigenie* des Euripides**: C. Robert, Homerische Becher, 50. Berliner Winckelmannsprogramm, Berlin 1890, 51 ff.; K. Schefold, Die Sagen von den Argonauten, von Theben und Troja in der klassischen und hellenistischen Kunst, München 1989, S. 152 Abb. 136; U. Sinn, Die Homerischen Becher. Hellenistische Reliefkeramik aus Makedonien, Mitteilungen des Deutschen Archäologischen Instituts, Athenische Abteilung, 7. Beiheft, Berlin 1979, S. 111 MB 55. *Euripides*: B. Zimmermann, Euripides, in: B. Zimmermann (Hrsg.), Handbuch der griechischen Literatur der Antike. Erster Band. Die Literatur der archaischen und klassischen Zeit, Handbuch der Altertumswissenschaft VII.1, München 2011, S. 586 ff. *Iphigenie*: ebenda, S. 596. *Menschenopfer*: W. Burkert, Homo Necans. Interpretationen altgriechischer Opferriten und Mythen, 2. Auflage Berlin – New York 1997; A. Hermary u.a., Les sacrifices humaines, in: Thesaurus Cultus et Rituum Antiquorum Band 1, Los Angeles 2004, S. 129 ff., zu Iphigenie S. 129 f.

Kaiserzeit und Spätantike

53 Bibliotheksvorschriften in Athen: J. McKamp, The Athenian Agora, Athen 1990, S. 140 ff.; B. D. Meritt, Inscriptions from the Athenian Agora,

Princeton 1966, o. S., Abb. 32; G. Schörner, Votive im römischen Griechenland, Altertumswissenschaftliches Kolloquium Band 7, Wiesbaden 2003, S. 119; J. Travlos, Bildlexikon zur Topographie des antiken Athen, Tübingen 1971, S. 432 ff. *Titus Flavius Pantainos und Stiftung*: Vgl. D. J. Geagan, Inscriptions. The Dedicatory Monuments, The Athenian Agora. Results of Excavations conducted by The American School of Classical Studies at Athens Band 18, Princeton 2011, S. 127 f. C 217; Schörner ebenda, S. 119. *Antike Bibliotheken und Buchkultur*: H. Blanck, Das Buch in der Antike, München 1992; W. Höpfner, Antike Bibliotheken, Mainz 2002; V. M. Strocka, Römische Bibliotheken, Gymnasium 88, 1981, S. 304 ff. *Trajan und Bibliotheken*: S. Fein, Die Beziehungen der Kaiser Hadrian und Trajan zu den Litterati, Beiträge zur Altertumskunde Band 26, Stuttgart – Leipzig 1994. *Apollodor von Damaskus*: H. Philipp, Von Daidalos bis Isidorus. Der Architekt in griechischer und römischer zeit, in: W. Nerdinger (Hrsg.), Der Architekt. Geschichte und Gegenwart eines Berufsstandes, München 2012, 55 f. *Agora*: s. hier Nr. 3. – **54 Lob des Gastgebers**: A. Lesky, Zu einem ephesischen Graffito, in: Wiener Studien 86, 1973, S. 240 ff. (Deutung als Eulalia, Frauenname); R. Merkelbach – J. Stauber (Hrsg.), Steinepigramme aus dem griechischen Osten Band 1. Die Westküste Kleinasiens von Knidos bis Ilion, München – Leipzig 1998, S. 331 Nr. 03 / 02 / 45 (Deutung als Männername, Eulalios); H. Taeuber, in: H. Thür (Hrsg.), Hanghaus 2 in Ephesos. Die Wohneinheit 4, Forschungen in Ephesos Band 8,6, Wien 2005, S. 141 Gr 25. *Hanghaus und Graffiti*: S. Ladstätter, Das Hanghaus 2 in Ephesos. Ein archäologischer Führer, Istanbul 2012, Wohneinheit 1: S. 193 ff. Graffiti: ebenda, S. 157 ff. *Symposion in der Kaiserzeit*: K. M. D. Dunbabin, The Roman Banquet, Cambridge 2003. – **55 Gute Wünsche in Glas**: O. Doppelfeld, Das Diatretglas aus dem Gräberbezirk des römischen Gutshofs von Köln-Braunsfeld, in: Kölner Jahrbuch für Vor- und Frühgeschichte 5, 1960/61, S. 7 ff.; M. Guarducci, L'Epigrafia Greca dalle origini al Tardo Impero, Rom 1987, S. 437; A. von Saldern, Antikes Glas, Handbuch der Archäologie, München 2004, S. 391. *Diatretgläser*: von Saldern ebenda, S. 385 ff. Inschrift: Doppelfeld ebenda, S. 24; von Saldern ebenda, S. 391. – *Römisches Köln*: Th. Fischer – M. Trier, Das römische Köln, Köln 2014, vgl. auch S. 308 (Diatretbecher). – **56 Eine Merkliste**: M. Lang, Graffiti and Dipinti, The Athenian Agora. Results of

Excavations conducted by The American School of Classical Studies at Athens Band 21, Princeton 1976, S. 11 Nr. B 20 (mit den Wortergänzungen). *Speisen*: Vgl. A. Dalby, Essen und Trinken im alten Griechenland, Stuttgart 1998. *Agora*: s. Nr. 3. – **57 Spruchweisheiten auf Silberlöffeln**: F. Baratte, Vaisselle d'argent, souvenirs littéraires et manières de table. L'exemple des cuillers de Lampsaque, in: Cahiers Archéologiques 40, 1992, S. 5 ff.; F. Baratte, Entre Orient et Occident. Rupture ou coherence culturelle dans la vaiselle d'argent à la fin de l'antiquité ?, in: D. Boschung – M. Danner – C. Radtki (Hrsg.), Politische Fragmentierung und kulturelle Kohärenz in der Spätantike, Morphomata Band 26, Paderborn 2015, S. 235; R. Merkelbach – J. Stauber (Hrsg.), Steinepigramme aus dem griechischen Osten Band 1. Die Westküste Kleinasiens von Knidos bis Ilion, München – Leipzig 1998, S. 640 ff. Nr. 07 / 07 / 03. *Silberluxus*: F. Baratte, Silbergeschirr, Kultur und Kuxus in der römischen Gesellschaft, Trierer Winckelmannsprogramme Band 15, Mainz 1997; M. Steinhart, Bilder der *virtus*. Tafelsilber der Kaiserzeit und die großen Vorbilder Roms: Die Lanx von Stráže, Collegium Beatus Rhenanus. Schriften des Oberrheinischen Forschungsverbundes Antike Band 2, Stuttgart 2009. *Die Sieben Weisen*: s. Nr. 38. – **58 Trojas Untergang**: D. A. Campbell, Greek Lyric Band 3. Stesichorus, Ibycus, Simonides, and Others, Loeb Classical Library Band 476, Cambridge/Mass. – London 1991, S. 107 Nr. 205; O. Jahn – A. Michaelis, Griechische Bilderchroniken, Bonn 1873; D. Petrain, Homer in Stone. The *Tabulae Iliacae* in their Roman Context, Cambridge 2014; K. Schefold, Die Sagen von den Argonauten, von Theben und Troia in der klassischen und hellenistischen Kunst, München 1989, S. 176 ff.; M. Squire, The Iliad in a Nutshell. Visualizing Epic on the *Tabulae Iliacae*, Oxford 2011, S. 187 ff. und passim. *Troja und Rom*: Vgl. Squire ebenda, passim; M. Steinhart, Augustus und die Sibylle von Cumae. Eine Beobachtung zu den Reliefs der Basis von Sorrent, in: N. Kreutz – B. Schweizer (Hrsg.), Tekmeria. Archäologische Zeugnisse in ihrer kulturhistorischen und politischen Dimension. Beiträge für W. Gauer, Münster 2006, S. 331 ff.; V. M. Strocka, Aeneas, nicht Alexander. Zur Ikonographie des römischen Helden in der pompejanischen Wandmalerei, in: Jahrbuch des Deutschen Archäologischen Instituts 121, 2006, S. 269 ff.; P. Zanker, Augustus und die Macht der Bilder, München 1987, S. 204 ff. *Epischer Zyklus*:

Vgl. M. L. West, Greek Epic Fragments, Loeb Classical Library Band 497, Cambridge/Mass. – London 2003, S. 64 ff. *Stesichoros*: A. Bagordo, in: B. Zimmermann (Hrsg.), Handbuch der griechischen Literatur der Antike. Erster Band. Die Literatur der archaischen und klassischen Zeit, Handbuch der Altertumswissenschaft VII.1, München 2011, S. 188 ff.; Campbell ebenda, S. 28 ff.; West ebenda, S. 142. – **59 Kunstvolles Mosaik**: E. Bernand, Inscriptions Métriques de l'Égypte Gréco-Romaine, Paris 1969, S. 483 ff. Nr. 122; J. Clédat, Fouilles à Cheikh Zouède, in: Annales du Service des Antiquités d'Égypte 15, 1915, S. 24 ff.; K. M. D. Dunbabin, Mosaics of the Greek and Roman World, Cambridge 1999, S. 324 (mit überzeugender Datierung 5./6. Jh. n. Chr.); C. Gallavotti, Iscrizione musiva di Sheikh Zowed, in: Maia 15, 1963, S. 459 ff.; R. Merkelbach – J. Stauber (Hrsg.), Steinepigramme aus dem griechischen Osten Band 4. Die Südküste Kleinasiens. Syrien und Palästina, München – Leipzig 2002, S. 450 ff. Nr. 22 / 77 / 01 (mit Datierung 3. Jh. n. Chr.). *Vögel auf früheren Mosaiken*: A. Tammisto, Birds in Mosaics. A Study on the Representation of Birds in Hellenistic and Roman-Campanan Tessellated Mosaics to the Early Augustan Age, Acta Instituti Romani Finlandiae Band 18, Rom 1997. *Telete*: Vgl. F. Matz, Dionysiake Telete. Archäologische Untersuchungen zum Dionysoskult in hellenistischer und römischer Zeit, Akademie der Wissenschaften und der Literatur Mainz. Abhandlungen der geistes- und sozialwissenschaftlichen Klasse, Wiesbaden 1964. *Herakles und Dionysos*: Vgl. L. Bruit – F. Lissarrague, in: Thesaurus Cultus et Rituum Antiquorum Band 2, Los Angeles 2004, S. 223. *Beschreibung*: P. Friedländer, Spätantiker Gemäldezyklus in Gaza. Des Prokopios von Gaza ΕΚΦΡΑΣΙΣ ΕΙΚΟΝΟΣ, Vatikan 1938; vgl. M. Steinhart, Kunstliteratur, in: B. Zimmermann – A. Rengakos (Hrsg.), Handbuch der griechischen Literatur der Antike. Dritter Band. Die griechische Literatur der Kaiserzeit und Spätantike, Handbuch der Altertumswissenschaft VII.3, München 2018 (im Druck). – **60 Löwe als Grabwächter**: E. Bernand, Inscriptions Métriques de l'Égypte Gréco-Romaine. Recherches sur la Poésie Epigrammatique des Grecs en Égypte, Paris 1969, S. 273 ff. Nr. 68; T. Christian, Gebildete Steine. Zur Rezeption literarischer Techniken in den Versinschriften seit dem Hellenismus, Hypomnemata Band 197, Göttingen 2015, S. 76 f.; C. C. Edgar, Greek Epitaph from Saqqarah, in: Annales du Service des Antiquités d'Égypte 27,

1927, 31 f. (Foto); W. Peek, Griechische Vers-Inschriften Band 1. Die Grabepigramme, Berlin 1955, S. 554 Nr. 1843. *Sprechende Statuen*: Christian ebenda, S. 76 ff.; D. Meyer, Inszeniertes Lesevergnügen. Das inschriftliche Epigramm und seine Rezeption bei Kallimachos, Hermes Einzelschriften Band 93, Stuttgart 2005, S. 83 ff. *Nahe Formulierung*: Philostrat, *Leben der Sophisten* 2, 18, 1. *Löwen am Grab*: Vgl. E. Forbeck – H. Heres, Das Löwengrab von Milet, 136. Winckelmannsprogramm der Archäologischen Gesellschaft zu Berlin, Berlin 1997; J. Stroszeck, Löwen-Sarkophage, Die antiken Sarkophage Band 6,1, Berlin 1998. *Antipatros von Sidon*: H. Beckby, Anthologia Graeca, 2. Auflage München o. J. Band 3, S. 252 f. Nr. 426; D. Meyer, in: B. Zimmermann – A. Rengakos (Hrsg.), Handbuch der griechischen Literatur der Antike. Zweiter Band. Die Literatur der klassischen und hellenistischen Zeit, Handbuch der Altertumswissenschaft VII.2, München 2014, S. 269 ff. – **61 Ein Gemmenschneider in Sardeis**: J. Boardman, Greek Gems and Finger Rings, 2. Auflage London 2001, S. 380; A. Fontrier, Inscriptions d'Asie Mineure, in: Bulletin de Correspondance Hellénique 7, 1883, S. 503 Nr. 4; A. M. Kontoleon, *Epigraphika*, in: Mitteilungen des Deutschen Archäologischen Institutes, Athenische Abteilung 15, 1890, S. 333 f. Nr. 2 (mit der Ergänzung von *parthenikon*); R. Merkelbach – J. Stauber (Hrsg.), Steinepigramme aus dem griechischen Osten Band 1. Die Westküste Kleinasiens von Knidos bis Ilion, München – Leipzig 1998, S. 482 Nr. 04 / 24 / 09; W. Peek, Griechische Vers-Inschriften Band 1. Die Grabepigramme, Berlin 1955, S. 108 Nr. 437 (mit der Ergänzung am Ende); C. Weiß, Die Kunst der Gemme, in: M. Steinhart – R. Wünsche (Hrsg.), Zauber in edlem Stein. Antike Gemmen. Die Stiftung Helmut Hansmann. R. Wünsche (Hrsg.), Forschungen der Staatlichen Antikensammlungen und Glyptothek Band 2, Lindenberg im Allgäu 2010, S. 10; E. Zwierlein-Diehl, Siegel und Abdruck. Antike Gemmen in Bonn, Ausstellungskatalog Bonn 2004, S. 99 f.; E. Zwierlein-Diehl, Antike Gemmen und ihr Nachleben, Berlin – New York 2007, S. 317 f. *Gemmenschneider*: Weiß ebenda, S. 8 ff.; Zwierlein-Diehl ebenda, S. 315 ff. – **62 Naturidylle am Grab**: T. Christian, Gebildete Steine. Zur Rezeption literarischer Techniken in den Versinschriften seit dem Hellenismus, Hypomnemata Band 197, Göttingen 2015, S. 307 f.; L. Moretti (Hrsg.), Inscriptiones Graecae Urbis Romae Band 3, Rom 1979, S. 156 ff. Nr. 1303

(Danach der in der Lesung gesicherte Text, zum Erhaltungszustand vgl. ebenda); W. Peek, Griechische Vers-Inschriften Band 1. Die Grabepigramme, Berlin 1955, S. 650 f. Nr. 2027. Grab: G. Secchi, Monumenti inediti d'un antico sepolcro di famiglia greca scoperto in Roma su la via latina, Rom 1843. Wandmalereien: T. Tam Tinh, Catalogue des peintures romaines (Latium et Campanie) du Musée du Louvre, Paris, 1974, S. 72 ff. Nr. 51. *Grabgärten*: Vgl. Christian S. 300 ff.; J.-Cl. Decourt, Inscriptions Grecques de la France, Travaux de la Maison de l'Orient et de la Méditerranée – Jean Pouilloux Band 38, Lyon – Paris 2004, S. 158 ff. Nr. 119. *Bukolik*: Christian ebenda; N. Himmelmann, Über Hirten-Genre in der antiken Kunst, Abhandlungen der Rheinisch-Westfälischen Akademie der Wissenschaften Band 65, Opladen 1980; N. Himmelmann, Nemesians Erste Ekloge, in: Rheinisches Museum für Philologie 115, 1972, S. 342 ff. *Nachtigall*: O. Keller, Die antike Tierwelt, Band 2, Leipzig 1913, S. 73 ff.; Irmgard Männlein-Robert, Stimme, Schrift und Bild. Zum Verhältnis der Künste in der hellenistischen Dichtung, Heidelberg 2007, 202 ff. *Fledermaus*: Keller ebenda, S. 11 ff. *Schwalbe*: s. Nr. 21. *Zikade*: Keller ebenda, S. 401 ff.; Männlein-Robert ebenda, 209 ff. *Grille*: Keller ebenda, S. 459 ff. *Lebensgenuss*: Vgl. Christian ebenda, S. 308. – **63 Eine Sichel für Artemis**: G. Schörner, Votive im römischen Griechenland, Altertumswissenschaftliches Kolloquium Band 7, Wiesbaden 2003, S. 404 Nr. 689; A. M. Woodward, Inscriptions, in: R. M. Dawkins (Hrsg.), The Sanctuary of Artemis Orthia at Sparta. Excavated and Described by Members of The British School at Athens, 1906 – 1910, London 1929, S. 328 f. Nr. 60. – *Lakonisch*: E. Bourguet, Le dialecte laconien, Paris 1927; R. Schmitt, Einführung in die griechischen Dialekte, Darmstadt 1977, S. 53 ff. *Artemis Orthia, Heiligtum und Agone*: N. M. Kennell, The Gymnasium of Virtue. Education and Culture in Ancient Sparta, Chapel Hill 1995; M. P. Nilsson, Griechische Feste von religiöser Bedeutung mit Ausschluss der attischen, 2. Auflage Stuttgart – Leipzig 1995, S. 190 ff.; M. P. Nilsson, Geschichte der griechischen Religion, Handbuch der Altertumswissenschaft Band 5, 2, 1, 3. Auflage München 1967, S. 487 ff. *Sicheln und Sichelweihungen*: U. Kron, Sickles in Greek Sanctuaries. Votivs and Cultic Instruments, in: R. Hägg (Hrsg.), Ancient Greek Cult Practice from the Archaeological Evidence. Proceedings of the Fourth International Seminar on Ancient Greek Cult,

Swedish Institute at Athens, 22–24 October 1998, Jonsered 1999, S. 187 ff.; Schörner ebenda, S. 76 ff.; M. Steinhart, Demeter Lernaia und Kentauros. Ikonographische Bemerkungen zu Hydra- und Kentaurenkampf auf zwei Tyrrhenischen Amphoren, in: E. M. Moormann – V. V. Stissi (Hrsg.), Shapes and Images. Studies on Attic Black Figure and Related Topics in Honour of Herman A. G. Brijder, Leuven – Paris – Walpole, MA 2009, S. 182. – **64 Die geretteten Ochsen**: W. H. Buckler – W. M. Calder – W. K. C. Guthrie (Hrsg.), Monumenta Asiae Minoris Antiqua Band 4, Manchester 1933, S. 47 Nr. 140 (mit Hinweisen zur Erhaltung); R. Merkelbach – J. Stauber (Hrsg.), Steinepigramme aus dem griechischen Osten Band 3. Der »Ferne Osten« und das Landesinnere bis zum Tauros, München – Leipzig 2001, S. 413 f. Nr. 16 / 62 / 01. *Rinder*: J. M. C. Toynbee, Animals in Roman Life and Art, Ithaca 1973, S. 151 ff.

Renaissance

65 Die Signatur Lysipps des Jüngeren: *Rezeption griechischer Künstler in der Renaissance*: Vgl. M. Steinhart, Im Wettstreit mit Apelles. Archäologische Bemerkungen zur Konzeption von Giorgiones *Tempesta*, Sitzungsberichte der Bayerischen Akademie der Wissenschaften, Philosophisch-historische Klasse, Neue Folge 2015/2, München 2015, S. 17 m. Lit. *Pomponius Gauricus*: J. Schlosser, Die Kunstliteratur, Wien 1924, S. 206. *Signatur Vasaris*: S. Blake McHam, Pliny and the Artistic Culture of the Italian Renaissance. The Legacy of the «Natural History", New Haven u.a. 2013, S. 349 Nr. 66. *Lysipp*: U. Pfisterer, Lysippus und seine Freunde. Liebesgaben und Gedächtnis im Rom der Renaissance oder: Das erste Jahrhundert der Medaille, Berlin 2008, S. 401 f. A.14; Steinhart ebenda, S. 17 f. Anm. 16 f.; L. A. Waldman, »The Modern Lysippus«. A Roman Quattrocento Medalist in Context, in: S. K. Scher (Hrsg.), Perspectives on the Renaissance Medal, New York 2000, S. 97–113; M. Wesche, Lysippus Unveiled. A Renaissance Medallist in Rome and his Humanist Friends, in: The Medal 52, 2008, S. 4–13. Erklärung des Künstlernamens: Waldman ebenda, S. 101 ff. Medaille für Marinus Philethicus: Waldman, S. 97. *Pelikan*: Vgl.

J. Rosen, Pelikan, in: Reallexikon für Antike und Christentum Lieferung 210, Stuttgart 2015, 26 ff.

ABBILDUNGSNACHWEIS

Zeichnungen Thorsten Linsner: Einleitung Abb. 2: Nach L. H. Jeffery, The Local Scripts of Archaic Greece, Oxford 1961, Taf. 18,2. Einleitung Abb. 4: Nach W. Stenhouse, Ancient Inscriptions, A. Claridge – J. Osborne – H. Whitehouse (Hrsg.), The Paper Museum of Cassiano dal Pozzo Band 7, London 2002, S. 258 Nr. 151. Nr. 1 (nach H. Roehl, Imagines Inscriptionum Graecarum antiquissimarum, 3. Auflage Berlin 1907, S. 69 Nr. 1). Nr. 2 (nach G. Buchner – D. Ridgway, Pithekoussai I. La necropolis. Tombe 1 – 723 scavate dal 1952 a 1961, Monumenti antichi ser. Monogr. 4, Rom 1993, S. 751 ff.). Nr. 3 (nach M. Lang, Graffiti and Dipinti, The Athenian Agora. Results of Excavations conducted by The American School of Classical Studies at Athens Band 21, Princeton 1976, S. 7 A 1, Taf. 1 A 1). Nr. 5 (nach Hesperia 24, 1955, Taf. 64). Nr. 6 (nach M. Lang, Graffiti and Dipinti, The Athenian Agora. Results of Excavations conducted by The American School of Classical Studies at Athens Band 21, Princeton 1976, S. 8 B 1, Taf. 2 B 1) und Agora P 17826 (nach Lang ebenda, S. 31 F 13). Nr. 14 (nach L. H. Jeffery, The Local Scripts of Archaic Greece. Revised Edition with a supplement by A. H. Johnston, Oxford 1990, Taf. 3, 29). Nr. 19, Handelsmarke (nach A. W. Johnston, Trademarks on Greek Vases, Band 1, Warminster 1978, Taf. 2, 21A, 52). Nr. 23 (nach M. Lang, Graffiti and Dipinti, The Athenian Agora. Results of Excavations conducted by The American School of Classical Studies at Athens Band 21, Princeton 1976, S. 36 F 86, Taf. 14 F 86). Nr. 25 (nach Hesperia 69, 2000, S. 91 ff.). Nr. 26 (nach Praktika 1960, Taf. A). Nr. 27 (nach Die Werkstatt des Phidias in Olympia, Olympischen Forschungen Band 5 [1964] Taf. 64, 1). Nr. 28 (nach E. La Rocca, La nuova immagine dei Fori Imperiali, in: Mitteilungen des Deutschen Archäologischen Instituts, Römische Abteilung 108, 2001, S. 196 f. Abb. 18). Nr. 29 (nach A. W. Johnston, Lists of Contents. Attic Vases, in: American Journal of Archaeology 82, 1978, S. 222 Abb. 1). Nr. 32 (nach A. Maiuri, Viaggio di Esplorazione in Caria. Parte III. Iscrizioni, in: Annuario della Scuola Archeologica di Atene 4/5, 1921/22, S. 461 f.). Nr. 39 (nach L. Dubois, Inscriptions grecques dialectales de Sicile, Collection de L'École Française de Rome Band 119, Rom 1989, S. 131). Nr. 40 (nach P. Orlandini, Attività della Soprintendenza di Agrigento, in: Kokalos 14 f., 1968 f., Taf. 48,2). Nr. 46 (nach Foto). Nr. 49 (nach H. B. Walters, Catalogue of the Bronzes, Greek, Etruscan and Roman, in the British Museum, London 1899, S. 48 Nr. 318). Nr. 51 (nach P. Amandry, Trépieds d'Athènes I. Dionysies, in: Bulletin de Correspondance Hellénique 100, 1976, S. 33 f.). Nr. 54 (nach H. Taeuber, in: H. Thür (Hrsg.), Hanghaus 2 in Ephesos, Wien 2005, Taf. 91). Nr. 55 (nach O. Doppelfeld, Das Diatretglas aus dem Gräberbezirk des römischen Gutshofs von Köln-Braunsfeld, in: Kölner Jahrbuch für Vor- und Frühgeschichte 5, 1960/61, S. 20 Abb. 11). Nr. 56 (nach M. Lang, Graffiti and Dipinti, The Athenian Agora. Results of Excavations conducted by The American School of Classical Studies at Athens Band 21, Princeton 1976, S. 11 Nr. B 20, pl. 3 B 20). Nr. 65: Nach U. Pfisterer, Lysippus und seine Freunde. Liebesgaben und Gedächtnis im Rom der Renaissance oder: Das erste Jahrhundert der Medaille, Berlin 2008, S. 401 f. A.14.

Reproduktionen: Einleitung Abb. 3. Nr. 4. 11. 12. 17. 18. 33: Nach H. Roehl, Imagines Inscriptionum Graecarum antiquissimarum, 3. Auflage Berlin 1907, S. 72 Nr. 21. S. 79 Nr. 23. S. 120 Nr. 14. S. 49 Nr. 2. S. 48 Nr. 34. S. 65 Nr. 2. S. 120 Nr. 13. S. 31, Nr. 52. – Einleitung. Abb. 1: Nach E. L. Bennett, The Pylos Tablets, Princeton 1955, S. 66 (Ta 641). Courtesy of The Department of Classics, University of Cincinnati. – Nr. 7: Nach Archäologische Zeitung 41, 1883, Taf. 16,19. – Nr. 8: Nach O. Benndorf (Hrsg.), Wiener Vorlegeblätter für archäologische Übungen 1888, Wien 1889, Taf. 5,3. – Nr. 13: Bilder: Nach A. Furtwängler – K. Reichhold, Griechische Vasenmalerei, Band 1, München 1904, Taf. 14. Inschriften: Nach Corpus Vasorum Antiquorum München Band 4, Deutschland Band 12, München 1956, S. 14 f. (Zeichnungen Tobias Gericke). – Nr. 16: Nach Monuments et Mémoires 2, 1895, 134. – Nr. 20: Nach C. Robert, Bild und Lied, Berlin 1881, S. 82. – Nr. 21: Nach Monumenti dell'Instituto 2, 24. – Nr. 22: Nach Wiener Vorlegeblätter Band 6, Taf. 6. – Nr. 24: Nach The Annual of the British School at Athens 5, 1898/9, Taf. 5, 115. – Nr. 28: Nach W. Dittenberger – K. Purgold, Die Inschriften von Olympia, E. Curtius – F. Adler (Hrsg.), Olympia. Die Ergebnisse der von dem

Deutschen Reich veranstalteten Ausgrabung, Band 5, Berlin 1896, S. 282 Nr. 162. – Nr. 31: Nach A. Conze, Die attischen Grabreliefs Band 2,2, Berlin 1900, Taf. 258. – Nr. 34: Nach W. Dittenberger – K. Purgold, Die Inschriften von Olympia, E. Curtius – F. Adler (Hrsg.), Olympia. Die Ergebnisse der von dem Deutschen Reich veranstalteten Ausgrabung, Band 5, Berlin 1896, S. 278 Nr. 160. – Nr. 35: Nach Mitteilungen des Deutschen Archäologischen Institutes, Athenische Abteilung Band 92, 1977, Beil. 18. – Nr. 36 Nach P. Hartwig, Die griechischen Meisterschalen der Blüthezeit des strengen rotfigurigen Stils, Stuttgart 1893, S. 255 f. Anm. 2 Abb. 35b. – Nr. 37: Nach Annali dell' Instituto di Corrispondenza Archeologica 1852, Taf. T. – Nr. 41: Nach J. P. Peters – H. Thiersch, Painted Tombs in the Necropolis of Marissa, edited by S. A. Cook, London 1905, S. 59 Abb. 19. – Nr. 42: Nach F. Hiller von Gaertringen, Inschriften von Priene, Berlin 1906, S. 315. – Nr. 43: Nach C. Carapanos, Dodone et ses ruines, Paris 1878, Taf. 36,2. – Nr. 44: Nach F. Hiller von Gaertringen, Inschriften von Priene, Berlin 1906, S. 161. – Nr. 45: Nach Mitteilungen des Deutschen Archäologischen Institutes, Athenische Abteilung 19, 1894, S. 54 (Gesamtansicht). S. 57 (Inschrift). – Nr. 47: Nach F. H. Marshall, Catalogue of the Jewellery, Greek, Etruscan and Roman, in the British Museum, London 1911, S. 380 f. Nr. 3155. – Nr. 48: Nach O. Benndorf, Grabschrift von Telmessos, in: Festschrift für Theodor Gomperz dargebracht zum Siebzigsten Geburtstage, Wien 1902, S. 404 (R. Heberdey). – Nr. 50: Nach Ch. V. Daremberg – E. Saglio, Dictionnaire des antiquités grecques et romaines, Band 2,1, Paris 1892, s.v. donarium 376 Abb. 2543. – Nr. 52: Nach C. Robert, Homerische Becher, 50. Berliner Winckelmannsprogramm, Berlin 1890, 51. – Nr. 57: Nach H. Leclercq, Dictionnaire d'Archéologie Chrétienne Band 3,2 Paris 1914, s. v. cuiller. Sp. 3176 Abb. 3454. 3181 f. Abb. 3463,1–4. – Nr. 58: Nach O. Jahn – A. Michaelis, Griechische Bilderchroniken, Bonn 1873, Taf. 1 (Ausschnitte). – Nr. 59: Nach Annales du Service des Antiquités d'Égypte 15, 1915, S. 25 Abb. 5. – Nr. 61: Nach Mitteilungen des Deutschen Archäologischen Instituts, Athenische Abteilung 15, 1890, S. 333 f. Nr. 2. – Nr. 63: Nach A. M. Woodward, Inscriptions, in: R. M. Dawkins (Hrsg.), The Sanctuary of Artemis Orthia at Sparta. Excavated and Described by Members of The British School at Athens, 1906 – 1910, London 1929, S. 328 f. Nr. 60.

REGISTER